AF619520

1939-1945
WORLD WAR TWO

AUTORE

Carlo Cucut è nato a Nole (TO) nel 1955. Ha coltivato la passione per la storia sin da ragazzo e negli anni ha approfondito questo interesse dedicandosi alla ricerca storica. Ha pubblicato articoli sulle riviste: "Storia del XX Secolo", "Storie & Battaglie", "Milites" e "Ritterkreuz". In campo editoriale ha pubblicato vari volumi per Marvia Edizioni: "Penne Nere sul confine orientale. Storia del Reggimento Alpini "Tagliamento" 1943-1945", vincitore del Premio De Cia; "Attilio Viziano. Ricordi di un corrispondente di guerra"; "Forze Armate della RSI sul fronte orientale"; "Forze Armate della RSI sul fronte occidentale"; "Forze Armate della RSI sulla linea Gotica"; "Alpini nella Città di Fiume 1944-1945". Per il Gruppo Modellistico Trentino ha pubblicato "Le forze armate della RSI 1943-1945. Forze di terra".

***Carlo Cucut** was born in Nole (TO) in 1955. He cultivated a passion for history as a boy and over the years has deepened this interest by dedicating himself to historical research. He published articles in the italian magazines: "Storia del XX Secolo", "Storie & Battaglie", "Milites" and "Ritterkreuz". He published various volumes for Marvia Edizioni: "Penne Nere on the eastern border. History of the Alpini's Regiment "Tagliamento" 1943-1945 ", winner of the "De Cia" Award; "Attilio Viziano. Memories of a war correspondent "; "Armed Forces of RSI on the eastern front"; "Armed Forces of RSI on the Western Front"; "Armed Forces of RSI on the Gothic Line"; "Alpini in the City of Rijeka 1944-1945". For the Trentino Modeling Group he published "The armed forces of RSI 1943-1945. Land forces ".*

PUBLISHING'S NOTES

LICENSES COMMONS

For a complete list of Soldiershop titles please contact Luca Cristini Editore on our website: www.soldiershop.com or www.cristinieditore.com. E-mail: info@soldiershop.com

Titolo: **I REPARTI CORAZZATI FINLANDESI** Code.: **WTW-028 IT** Di Carlo Cucut ISBN code: 978-88-93277914
prima edizione Novembre 2021
Lingua: Italiano Nr. di immagini: x dimensione: 177,8x254mm Cover & Art Design: Luca S. Cristini

WITNESS TO WAR (SOLDIERSHOP) is a trademark of Luca Cristini Editore, via Orio, 35/4 - 24050 Zanica (BG) ITALY.

WITNESS TO WAR

I REPARTI CORAZZATI FINLANDESI

DALLA COSTITUZIONE ALLA FINE DELLA SECONDA GUERRA MONDIALE

PHOTOS & IMAGES FROM WORLD WARTIME ARCHIVES

CARLO CUCUT

BOOKS TO COLLECT

INDICE

I REPARTI CORAZZATI FINLANDESI DAL 1919 AL 1939

La Finlandia, dopo aver dichiarato l'indipendenza dalla Russia il 6 dicembre 1917, ed essere sprofondata in una dolorosa guerra civile tra le Guardie Rosse e le Guardie Bianche durata alcuni mesi, vinta da queste ultime con il sostegno della Germania, con la Conferenza di Parigi nel 1919 venne finalmente riconosciuta, a livello internazionale, come Repubblica. Uno dei primi provvedimenti messi in atto dal nuovo Governo fu il programma di ampliamento e potenziamento del suo esercito: il Suomen Maavoimat. Basato sulla coscrizione obbligatoria, nonostante un'economia in crescita, era al momento debolmente equipaggiato e tecnicamente arretrato. Tra i primi progetti, destinati ad essere realizzati, venne inserita la costituzione di un reparto corazzato. Gli unici mezzi in servizio, all'epoca, erano poche autoblindo russe, utilizzate dalle Guardie Rosse e catturate dalle Guardie Bianche. Il 15 luglio 1919 venne costituito il *Hyökkäysvaunurykmentti*, Reggimento carro d'assalto, nell'isola di Santahamina, situata presso la capitale Helsinki, località dove si potevano svolgere piccole esercitazioni tattiche ed effettuare tiri con munizionamento reale. Vennero quindi acquistati dalla Francia 32 carri armati Renault FT Modèle 1917, il carro armato probabilmente più avanzato all'epoca. Arrivati in Finlandia, partendo dal porto francese di Le Havre, in due spedizioni, gli FT-17 vennero consegnati al Reggimento il 26 agosto 1919. Insieme ai carri vennero acquistati anche 6 trattori Latil TAR TP 1915 con rimorchio La Buire, 5.000 proiettili da 37 mm e 1,2 milioni di proiettili da 8 mm.

I carri erano di nuova costruzione, 14 armati con il cannone Puteaux SA 18 da 37 mm e 18 con la mitragliatrice Hotchkiss Mle 1914 da 8 mm. I finnici chiamarono i carri dotati di cannone *koiras* (maschio) e quelli con la mitragliatrice *naaras* (femmina).

A seguito delle forti pressioni diplomatiche francesi, dal 17 ottobre 1919 due carri dovettero essere prestati all'esercito bianco russo del generale Judenič, impegnato nell'offensiva per la conquista di San Pietroburgo. Fallita l'offensiva, l'Armata al comando di Judenič si ritirò in Estonia e i due FT-17 rimasero a sua disposizione fino al 9 aprile 1920. Poichè i due carri armati erano in pessime condizioni quando vennero restituiti, la Francia inviò due carri in sostituzione nello stesso mese. Furono così 34 i carri Renault FT-17 in servizio nel Suomen Maavoimat.

Poiché si trattava del primo reparto corazzato, e non erano presenti militari con esperienze specifiche, oltre alla fornitura dei carri armati la Francia curò anche l'addestramento del personale, inviando un nucleo di istruttori militari al comando del capitano Pivetau. Le reclute vennero selezionate tra chi aveva una formazione o esperienza tecnica mentre gli ufficiali provenivano in gran parte dalla cavalleria.

Il *Hyökkäysvaunurykmentti* venne strutturato come un reggimento di artiglieria su due battaglioni, ognuno dei quali su tre batterie di 2 sezioni cadauna. Ogni sezione era costituita da un Renault maschio e da uno femmina, mentre il comandante della batteria aveva in dotazione un Renault femmina, per un totale di 15 carri per battaglione e 30 carri, 12 Renault con cannone e 18 con mitragliatrice, per il Reggimento.

Alla fine del 1919 il personale in servizio nel *Hyökkäysvaunurykmentti* era di:

- Ufficiali = 11
- Sottufficiali = 73 (tra militari in servizio permanente e di leva)
- Reclute = 111

Inizialmente, non essendo presenti regolamenti specifici per l'arma corazzata, vennero tradotti i manuali francesi, quindi, a metà degli anni '20, il colonnello Sihvo redasse le "Regole di addestramento per Carri Armati".

La prima uscita pubblica del *Hyökkäysvaunurykmentti* fu la parata del 16 maggio 1920 svoltasi nella capitale Helsinki, di fronte ad un pubblico attento ed entusiasta del nuovo mezzo.

I difficili collegamenti con l'isola di Santahamina crearono problemi al Reggimento, ponendo le basi per il suo trasferimento nella caserma di Poltinaho a Hameenlinna, avvenuto il 2 settembre 1921.

La particolare orografia del territorio finlandese, le condizioni climatiche estreme, le ristrettezze economiche del periodo, oltre ad una visione distorta sull'uso delle forze corazzate sul territorio da parte degli Alti Comandi, impedirono lo sviluppo e l'ammodernamento del *Hyökkäysvaunurykmentti*, nel frattempo rinominato *Tankkirykmenti*, Reggimento carri armati. Nel 1925 l'unità venne riclassificata *Panssaripataljoona*, Battaglione corazzato, e nel 1927 *Pansaarikomppania*, Compagnia corazzata, quest'ultima negli anni successivi svolse solo compiti prettamente addestrativi o, come nel periodo febbraio-marzo del 1932, di ordine pubblico a seguito della rivolta di Mäntsälä.

Nel giugno del 1933, nonostante le perplessità dei vertici militari, iniziò il programma relativo alla sostituzione degli obsoleti FT-17, procedendo all'acquisto di diversi modelli da sottoporre a prove e comparazioni.

Il Ministero della Difesa ordinò tre diversi modelli di carri armati britannici:

- 1 Vickers 6-Ton (o Vickers Mark E) Type B
- 1 Vickers Carden-Loyd Mk VI B
- 1 Vickers Carden-Loyd M/1933

Insieme ai tre carri ordinati, la Vichers inviò gratuitamente anche un carro anfibio Vickers Carden-Loyd modello 1931.

Tutti e quattro i mezzi giunsero in Finlandia nell'ottobre del 1933, venendo sottoposti a prove molto selettive, condotte anche su terreni innevati, che misero in evidenza i difetti e le carenze dei vari carri. A seguito di tali prove il carro anfibio Vickers Carden Loyd modello 1931, venne giudicato del tutto inadatto e restituito dopo soli 17 giorni, mentre sia la piccola tankette Vickers Carden Loyd Mk VI B che il carro Vickers Carden-Loyd M/1933 vennero considerati idonei ai soli fini addestrativi[1].

Nello specifico il Vichers Carden-Loyd M/1922 venne giudicato positivamente per quanto riguardava l'affidabilità tecnica e la velocità su strada, ma in modo negativo per la mobilità in terreni innevati e per l'armamento.

Il carro Vickers 6-Ton venne invece considerato idoneo alle impegnative condizioni di utilizzo nel territorio finlandese e, il 20 luglio 1936, il Ministero della Difesa emise l'ordine per l'acquisto di 32 esemplari. Per problemi di budget, i carri furono acquistati privi di armi, ottiche, radio e vari altri strumenti. Come armamento venne scelto il cannone svedese Bofors da 37 mm, costruito in Finlandia su licenza e denominato 37 Psv.K/36, e la mitragliatrice coassiale M/09-31 da 7,62 mm, mentre le tedesche Zeiss TZF furono le ottiche selezionate e ordinate.

Era prevista la consegna dei carri da parte della Vickers in tre lotti:

- 11 carri il 20 luglio 1937
- 10 carri il 1° aprile 1938
- 11 carri il 1° gennaio 1939

1 Il Vickers Carden-Loyd Mk IVB venne utilizzato per l'addestramento ed è sopravvissuto alla guerra, ora è esposto nel Parola Tank Museum; il Vichers Carden-Loyd M/1933 venne invece anch'esso usato per l'addestramento fino alla sua demolizione durante la guerra di continuazione.

Le consegne previste non vennero rispettate: nel 1937 non venne consegnato alcun carro, nel 1938 ne furono consegnati 16, seguiti da altri 10 nel 1939 e dagli ultimi 6 nel 1940. Nel febbraio del 1939 vennero ordinati 33 cannoni 37 Psv.K/36 alla VTT (*Valtion tykkitehdas -fabbrica di cannoni di stato*), mentre la Germania bloccò l'ordine delle ottiche Zeiss. A seguito del ritardo nella consegna dei carri da parte della Vichers, dei cannoni, delle ottiche e delle radio, nessun carro armato era disponibile allo scoppio della guerra.

I 26 carri giunti entro il 1939 vennero consegnati al *Panssaripataljoona* e 2 furono trasferiti nello stesso anno all'*Erillinen Panssarieskadroona* (Squadrone corazzato autonomo) della *Ratsuväkiprikaati* (Brigata di Cavalleria). Per consentire lo svolgimento delle esercitazioni a fuoco, sui Vichers vennero montati, in modo provvisorio, i cannoni Puteaux da 37 mm recuperati dagli FT-17.

Nell'estate del 1937 si procedette anche ad un modesto aggiornamento dei carri FT-17 *naaras*, con la sostituzione delle mitragliatrici Hotchkiss M/1914 da 8 mm, usurate e dimostratesi inaffidabili, con nuove mitragliatrici Maxim M/09-31 da 7,62 mm raffreddate ad aria.

Se per la componente corazzata si cominciavano ad avvertire delle novità dopo lunghi anni di abbandono, per quanto riguardava la componente blindata la situazione era assolutamente immobile. Non c'era in servizio nessuna autoblindo e nessun reparto era stato costituito con l'obiettivo di sfruttare tale automezzo. Finalmente, il 27 luglio 1936, a Lappeenranta venne costituito un *Panssariosasto* (reparto corazzato) all'interno della *Ratsuväkiprikaati,* e consegnata una nuova autoblindata Landsverck 182 acquistata in Svezia. Nel gennaio 1938 il reparto venne trasformato in un *Erillinen Panssarieskadroona*, con la consistenza di una compagnia. Il programma di potenziamento dei reparti blindati prevedeva l'acquisto di ulteriori 27 autoblindo Landsverck da 8 tonnellate[2], armate con cannone da 37 mm e due mitragliatrici da 7,62 mm, che avrebbero permesso la costituzione di un battaglione di cavalleria blindato. Tale programma non venne mai realizzato, per cui l'unico mezzo blindato in servizio nell'*Erillinen Panssarieskadroona* rimase l'unica Landsverk 182. Nel corso del 1939 il piccolo reparto ricevette 2 carri Vickers 6-Ton e 8 FT-17. Gli 8 FT-17 vennero restituiti dopo pochi mesi con l'ipotesi di sostituirli con ulteriori 5 Vickers 6-Ton, ma tale avvicendamento non avvenne e anche i due Vichers già in servizio, peraltro disarmati, vennero poco dopo restituiti.

▲ Sfilata dei carri armati FT-17 a Helsinki il 16 maggio 1920 (Archivio SA-kuva)

2 Quasi certamente si trattava delle autoblindo Landsverck L-180.

▲ Carri armati Renault FT-17 in addestramento con la fanteria negli anni'20 (www.live.warthunder.com)

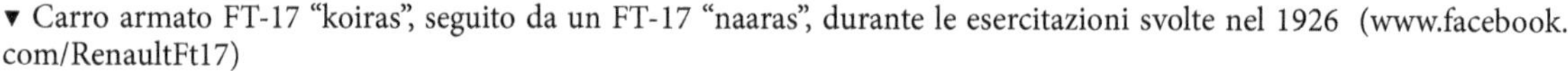

▼ Carro armato FT-17 "koiras", seguito da un FT-17 "naaras", durante le esercitazioni svolte nel 1926 (www.facebook.com/RenaultFt17)

▲ Carro armato FT-17 in addestramento (Archivio SA-kuva)

▲ Il carro leggero Vickers-Carden-Loyd M/1933 provato dall'esercito finlandese e poi utilizzato per l'addestramento sino alla Guerra di continuazione (Archivio SA-kuva)

▼ Un carro armato Vickers 6-Ton appena consegnato senza l'armamento (Archivio SA-kuva)

▲ Un carro armato Vickers 6-Ton, ancora senza armamento, durante le prove (https://it.topwar.ru)

▼ Carro armato Vickers 6-Ton fotografato durante le manovre dell'estate 1939. Notare il cannone Puteaux da 37 proveniente da un FT-17 installato provvisoriamente per poter effettuare le manovre a fuoco, anche se solo a salve. (Archivio SA-kuva)

▲ Cinque carri armati Vickers 6-Ton impegnati nelle manovre estive del 1939 (Archivio SA-kuva)

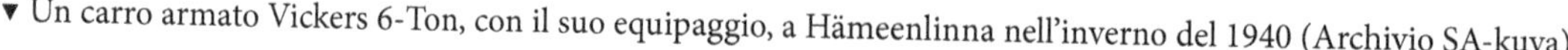

▼ Un carro armato Vickers 6-Ton, con il suo equipaggio, a Hämeenlinna nell'inverno del 1940 (Archivio SA-kuva)

▲ Carri armati Vickers 6-Ton del Pansaaripataljoona sfilano ad Hämeenlinna poco prima dell'inizio della Guerra d'Inverno (Archivio SA-kuva)

▼ Un carro armato Vickers 6-Ton armato, con cannone Bofors da 37 mm, assegnato alla 4a compagnia nel dicembre 1939 (www.waralbum.ru)

▲ Carri armati Vickers 6-Ton in addestramento nell'estate del 1939 (Archivio SA-kuva)

"TALVISOTA" - LA GUERRA D'INVERNO

Dopo alcuni di mesi di negoziati, tenutisi a Mosca e terminati il 13 novembre 1939 con il rientro della delegazione finlandese a Helsinki, senza raggiungere alcuna soluzione, il 30 novembre le truppe sovietiche scattarono all'attacco contro le postazioni finniche, dando inizio alla guerra russo-finlandese, meglio conosciuta come *Talvisota*, la Guerra d'Inverno. L'attacco sovietico venne portato da quattro armate: la 14ª sul fronte dell'estremo nord con l'obiettivo di conquistare il porto di Petsamo e poi congiungersi a sud con la 9ª; la 9ª con il compito di tagliare la Finlandia in due conquistando il Golfo di Botnia, impedendo così i collegamenti con la Svezia; la 7ª e l'8ª schierate intorno al lago Lagoda e sull'istmo di Carelia, con il compito di sfondare la Linea Mannerheim, occupare Viipuri e dirigersi verso la capitale Helsinki. L'Unione Sovietica impiegò oltre 425.000 uomini, circa 2.500 carri armati, oltre 2.300 aerei e 2.000 cannoni. I finlandesi poterono opporre, a questo strapotere fisico e materiale, circa 250.000 uomini e donne, 548 cannoni e 115 aerei.

Nonostante tale netta supremazia militare, le truppe finlandesi resistettero sino al mese di marzo del 1940, quando furono costrette a chiedere l'armistizio.

La guerra venne combattuta durante un inverno particolarmente inclemente, con temperature scese anche a -70° e precipitazioni nevose intense che misero in gravi difficoltà i mezzi ruotati e cingolati, costringendoli ad operare lungo le poche strade percorribili, peraltro facilmente interrompibili.

Ad affrontare le migliaia di carri armati sovietici, tra T-26, T-37, T-38, T-28 e BT-5, e le centinaia di autoblindo FAI, BA-3, BA-6, BA-10 e BA-20, i finlandesi poterono opporre solamente i seguenti mezzi:

- 34 Renault FT-17 (obsoleti e in parte disarmati)
- 26 Vickers 6-Ton (in gran parte disarmati)
- 1 Landsverk 182

oltre ad un Vickers Carden-Loyd M/1933 e un Vickers Carden Loyd Mk VI B utilizzabili per soli fini addestrativi.

A seguito della mobilitazione generale, nell'ottobre 1939, l'aumento del personale consentì al *Panssaripataljoona* di venire strutturato su cinque compagnie: la 1ª e la 2ª dotate di FT-17, la 3ª e la 4ª di Vickers 6-Ton mentre la 5ª, non disponendo di carri, venne utilizzata come riserva di personale per rimpiazzare le perdite nelle altre compagnie. Non potendo ancora utilizzare i carri Vickers, perché in attesa di essere completati, gli unici carri armati a disposizione nei primi mesi del conflitto furono i vecchi Renault FT-17.

Essendo ben consapevoli che inviare al fronte tali mezzi obsoleti era da considerarsi un'azione suicida, venne deciso di utilizzarli per l'addestramento alla lotta anticarro e per il recupero dei mezzi sovietici catturati sul campo di battaglia[3].

Nell'ottobre 1939 nella 1ª e 2ª compagnia erano in servizio 11 FT-17 maschi e 9 FT-17 femmina, non si ha comunque la certezza se ulteriori carri siano, o non siano, stati ricevuti nei mesi seguenti.

Nel febbraio 1940 giunse l'ordine di trasferire i carri delle due compagnie lungo le linee difensive e interrarli come bunker, consentendo alla fanteria di utilizzarli come osservatorio o come postazioni difensive, sfruttando le mitragliatrici in dotazione, aumentando la potenza di fuoco dei fanti schierati a difesa della linea di resistenza.

Il 14 febbraio cinque FT-17, appartenenti alla 1ª compagnia, vennero interrati presso la linea del

3 Con l'ausilio dei carri FT 17 vennero recuperati almeno 27 carri sovietici, trasferiti presso il Panssarikeskuskorjaamo (Centro riparazione blindati).

fronte vicino al lago Näykkijärvi, furono gli unici carri che sostennero scontri a fuoco con i sovietici. Presso la stazione ferroviaria di Kämärä i sovietici catturarono 8 FT-17 che aspettavano di essere scaricati dal treno per essere trasportati ed interrati come bunker nella prima linea. Un altro carro FT-17 venne catturato dai sovietici nella stazione di Pero.

A febbraio 10 carri FT-17 della 2ª compagnia vennero trasportati nel settore difensivo di Taipale, dove dovevano essere interrati nella linea difensiva Volossula-Kaarnajoki-Linnakangas. Poichè la costruzione di tale linea non venne mai iniziata realmente, pochi carri vennero trasferiti sulla linea Takala, linea difensiva posizionata sulla penisola di Taipale, ed interrati per essere usati come bunker dalla fanteria.

Nel mese di marzo due carri FT-17 disarmati vennero inviati sull'isola di Vuoratsu, a nord del lago Lagoda, con il compito di consegnare messaggi ed evacuare i feriti, compiti che però non vennero mai svolti dai due carri.

Con i carri armati utilizzati come bunker, la 1ª e la 2ª compagnia vennero sciolte e il personale venne trasferito presso la sede del Battaglione Carri a Hämeenlinna, dove vennero impiegati per l'addestramento delle reclute e nell'officina riparazione. Presso l'*Erillinen panssarivaunujoukkue* (Plotone carri autonomo) del centro addestramento di Niinisalo erano presenti, nel marzo 1940, quattro carri FT-17.

Al termine della guerra solo 4 FT-17 erano ancora in servizio, vennero quindi utilizzati per l'addestramento fino al 1943 e poi demoliti[4].

La 3ª e la 4ª compagnia iniziarono l'addestramento a Hämeenlinna con i carri Vickers 6-Ton disarmati, solo durante le manovre svolte nell'estate del 1939 alcuni carri furono armati provvisoriamente con i cannoni Puteaux da 37 mm recuperati agli FT-17. Nonostante fosse stata accelerata la consegna da parte del VTT dei cannoni da 37 mm, e delle ottiche, il primo carro armato completamente assemblato venne consegnato alla 4ª compagnia solamente il 14 dicembre, seguito da altri 6 carri il 6 gennaio 1940, da 1 carro il 12 gennaio e infine da 10 carri l'8 febbraio.

A causa della carenza di carri pronti al combattimento, il Comando del *Panssaripataljoona* decise di assegnare tutti i Vichers 6-Ton armati alla 4ª compagnia, mentre la 3ª rimase in attesa dell'arrivo dei carri completati proseguendo l'addestramento, oltre ad essere utilizzata come personale di riserva.

Solo dal mese di gennaio la 4ª compagnia poté quindi iniziare l'addestramento a fuoco e al combattimento per plotoni, completandolo, in modo accelerato, entro febbraio, senza peraltro aver potuto addestrarsi alle manovre congiunte con la fanteria.

La 4ª compagnia era agli ordini del tenente O. Heinonen, mentre i tre plotoni erano al comando dei tenenti della riserva: V. Mikkola il 1°, O. Voionmaa il 2° e S. Sirmio il 3°.

Il 23 febbraio 1940 la compagnia, con una dotazione di 16 carri Vickers 6-Ton, venne dichiarata pronta al combattimento ed inviata immediatamente al fronte, dove si diresse con 13 carri, cinque motociclette, due autovetture e dodici autocarri. Quasi certamente 3 carri furono lasciati alla 3ª compagnia per completare l'addestramento.

Il 24 febbraio la compagnia venne caricata su un convoglio ferroviario che la trasportò da Hämeenlinna a Hovinmaa, a nord ovest di Viipuri nell'istmo di Carelia, a disposizione del comando del II C.d.A., ponendo la base operativa presso la Scuola Sottufficiali di Markovilla in attesa di ordini operativi.

La nuova offensiva sovietica nell'istmo di Carelia, portata da ben 18 divisioni appartenenti alla 7ª e alla 13ª Armata, era iniziata il 1° febbraio, dopo che per tutto il mese di gennaio forti bombardamenti da parte dell'artiglieria pesante avevano compromesso molte delle opere difensive della

4 Solo un esemplare di Renault FT 17 venne conservato, oggi è esposto nel Parola Tank Museum.

Linea Mannerhein. A seguito della battaglia della strada di Lähde, combattuta dall'11 al 14 febbraio, le truppe sovietiche riuscirono a sfondare la linea difensiva, costringendo i finlandesi a ritirarsi verso la V-line (*Valilinja*), una linea difensiva solo abbozzata e senza opere difensive permanenti, raggiunta dai sovietici il 17.

Continuando la pressione offensiva, reparti della 123ª Divisione e della 35ª Brigata corazzata riuscirono a creare un saliente nelle difese finlandesi, realizzando uno stretto corridoio presso la stazione di Honkaniemi. Nonostante numerosi contrattacchi, le truppe finlandesi non riuscirono ad eliminare il pericoloso corridoio, dando così l'opportunità ai sovietici, il 23 febbraio, di iniziare ad aggirare le posizioni finniche.

Nel tentativo di contrastare il pericolo di essere accerchiato, il II C.d.A. pianificò un contrattacco, che doveva essere eseguito dai reparti appartenenti alla 23ª Divisione, da effettuarsi il mattino del 26. L'azione prevedeva l'utilizzo di quattro battaglioni Jäeger, due battaglioni di artiglieria e della 4ª compagnia carri Vickers. Il colonnello Woldemar, comandante della 23ª Divisione, convocò presso il suo comando, la sera del 25 febbraio, i comandanti dei reparti coinvolti nell'azione del mattino seguente. Il capitano Kunnas, comandante del 3° Jäeger , e il tenente Heinonen, al comando della 4ª compagnia carri, reparti che avrebbero dovuto dare inizio all'offensiva, chiesero di spostare l'attacco di almeno 24 ore, per consentire una accurata ricognizione del terreno, il riconoscimento della posizione del nemico e una maggiore integrazione dei due reparti, visto che fino ad allora la fanteria non aveva mai cooperato insieme ai carri armati. La proposta venne respinta e l'attacco venne confermato per le ore 6 del 26 febbraio.

Dei 13 carri a disposizione della compagnia, solo 8 riuscirono a raggiungere la base di partenza per l'attacco, gli altri 5 rimasero bloccati lungo il percorso a causa di guasti al motore dovuti alla benzina che, non avendo ricevuto l'aggiunta di paraffina, si congelava nelle tubature. Altri due carri subirono guasti ai motori quando erano già giunti alla base di partenza per l'attacco, lasciando così ai sei carri rimasti l'onore del primo combattimento da parte dei reparti carristi finlandesi.

Il piano di attacco prevedeva l'inizio del fuoco di preparazione dell'artiglieria alle 6 e poi l'assalto da parte dei carri subito seguiti dagli jäeger. Purtroppo, i tiri dell'artiglieria, a causa di errori di comunicazione tra i reparti, colpirono gli jäeger pronti a scattare per l'attacco, provocando numerose perdite e causando lo spostamento dell'azione di un'ora.

Alle 7,15 iniziò l'attacco dei 6 Vickers 6-Ton della 4ª compagnia, al comando del tenente Heinonen, che scattarono in avanti, mal coadiuvati dalla fanteria che, tra l'altro, venne bloccata dal fuoco nemico. Un carro, l'R-668, rimase bloccato da un ostacolo e venne abbandonato, i rimanenti cinque carri combatterono duramente contro le formazioni di T-26 della 35ª Brigata corazzata leggera sovietica. Quattro carri, R-648; R-667; R-670 e R-655, vennero colpiti e abbandonati dai propri equipaggi mentre l'R-664 venne danneggiato ma riuscì a rientrare alla base di partenza. Alle ore 10 fu dato l'ordine di interrompere l'attacco e di ritirarsi.

Per la 4ª compagnia la prima battaglia tra corazzati della guerra si era conclusa con una sconfitta, erano infatti andati persi cinque carri Vickers e uno era rimasto danneggiato, mentre venivano rivendicati tre carri sovietici distrutti.

Il capitano russo Arhipov, comandante della compagnia di T-26 della 35ª Brigata corazzata leggera che si scontrò ad Honkaniemi, nel libro di memorie scritto nel primo dopoguerra, affermò che il suo reparto aveva distrutto 14 carri Vickers e ne aveva catturati 3 intatti, oltre a non aver subito alcuna perdita. L'affermazione sui carri distrutti e catturati è assolutamente inesatta, visto che a quella data i Vickers 6-Ton in servizio erano in tutto 16 e solo 6 parteciparono all'azione.

Le cause del fallimento vennero individuate nell'assenza di radio a bordo dei carri, che impedì quindi le comunicazioni tra i mezzi e con la fanteria; la mancanza di cooperazione con la fanteria, che fino ad allora non aveva mai operato insieme ai carri armati; la carenza di informazioni sul nemico da affrontare, l'attacco venne iniziato contemporaneamente ad un'azione offensiva dei sovietici che mandò all'attacco decine di carri armati coadiuvati dalla fanteria; la difficoltà dovuta al maltempo ad individuare i mezzi nemici, visto che la differenza tra i Vickers 6-Ton e i T-26 era solo nel diverso cannone e in pochi altri particolari. Proprio il capitano Arhipov scrisse che solo dopo aver attentamente visionato i carri nemici si accorse che avevano una fascia blu intorno alla torretta che li distingueva dai carri sovietici, oltre alla differenza del cannone.

Il 27 febbraio venne dato l'ordine ai superstiti carri della 4ª compagnia di portarsi presso l'area di Rautlampi, in funzione anticarro, alle dipendenze del 68° Reggimento fanteria. Il 29 febbraio il 1° plotone carri sostenne diversi attacchi da parte di carri sovietici T-28, appartenenti alla 20ª Brigata carri pesanti, presso l'incrocio di Vääräkoski, colpendo numerosi mezzi nemici e distruggendone 2.

Il 2° plotone venne impegnato invece a coprire la ritirata della fanteria a seguito dell'attacco scatenato nel pomeriggio dalle fanterie sovietiche, appoggiate da carri armati pesanti e leggeri, da Ahola in direzione di Pero. Nei combattimenti vennero persi il carro R-672, che ebbe il cingolo rotto e si inclinò su un fianco costringendo l'equipaggio ad abbandonare il mezzo e a continuare a combattere a fianco della fanteria, e il carro R-666 che, sotto il fuoco di cinque T-26 e di un T-28, dopo aver distrutto 2 carri avversari venne a sua volta messo fuori uso.

Il 1° marzo la compagnia fu posta alle dipendenze della 4ª Divisione, ricevendo l'ordine di trasferirsi a Viipuri, con il compito di riserva in funzione anticarro. Il 6 marzo venne ordinato al carro R-664 di appoggiare un contrattacco, ma, rimasto bloccato a causa del terreno roccioso, venne colpito nel vano motore dai proiettili tirati da due carri nemici rimanendo danneggiato, costringendo l'equipaggio a sabotarlo per poi ritirarsi insieme ai fanti.

Sette giorni dopo terminava la guerra: la 4ª compagnia aveva perso in tutto 8 carri sui 13 a disposizione, oltre a tre autocarri e una motocicletta. Le perdite subite ammontarono a 1 caduto, 10 feriti (di cui 6 gravi) e 8 dispersi, da considerarsi caduti,

Oltre agli FT-17 e ai Vickers 6-Ton in dotazione al *Panssaripataljoona*, prese parte alla Guerra d'Inverno anche la Landsverk 182, unica autoblindo in servizio nel Suomen Maavoimat in quel periodo.

Il 6 ottobre 1939 l'autoblindo venne inviata in Carelia e due giorni dopo fu costituita una nuova unità, il *Moottoroitu Osasto* (reparto motorizzato), all'interno della *Ratsuväkiprikaati*. Il piccolo reparto era dotato dell'autoblindo, di due camion e di una motocicletta. All'inizio della guerra la Landsverk era schierata a Uusikirkko, nell'istmo di Carelia e il 3 dicembre prese parte ai combattimenti presso il villaggio di Perkjärvi, dove venne utilizzata per evacuare alcuni feriti dal fronte. Il 26 dicembre il reparto venne trasferito sulla linea del fronte a Taipale. Il 5 gennaio 1940 il *Moottoroitu Osasto*, preso atto che per un unico mezzo in dotazione non era necessario avere un reparto di simili dimensioni, venne soppresso,

A partire da tale data la Landsverk venne utilizzata come riserva dalla Brigata di Cavalleria fino al termine del conflitto, non venendo più utilizzata in combattimento.

Il 12 marzo 1940, a Mosca, veniva firmato il trattato di pace che poneva fine alle ostilità, il cessate il fuoco decorreva dalle ore11 del giorno successivo. La Finlandia, oltre a cedere all'Unione Sovietica tutto l'istmo di Carelia, con l'importante città di Viipuri, e una consistente porzione di territorio a nord del lago Ladoga, dovette anche cedere alcune isolette nel Golfo di Finlandia, una parte della penisola di Rybachi, una zona nell'area di Salla e Kuusamo, oltre ad affittare per 30 anni il promontorio di Hanko e a completare la ferrovia da Kemijärvi verso la nuova linea di frontiera a Salla, per permettere il collegamento con la ferrovia esistente in territorio sovietico. L'area di Petsamo, con il suo porto, nonostante fosse stata occupata dai sovietici, rimase invece alla Finlandia.

▲ Carro armato sovietico BT-5, probabilmente appartenente alla 34a Brigata Carri Leggeri, distrutto a Lemetti il 1° febbraio 1940 (Archivio SA-kuva)

▲ Il Maresciallo Carl Gustaf Emil Mannerheim, Comandante supremo delle Forze Armate finlandesi (http://heninen.net)

▲ Carro armato FT-17 catturato dai sovietici in Carelia (www.waralbum.ru)

▲ Armi, automezzi e un carro armato BT-7 abbandonati dai sovietici nella foresta finlandese (www.waralbum.ru)

▼ Colonna di trattori leggeri sovietici T-20 “Komsomolets” 1a serie, con cannoni anticarro da 45 mm al traino, della 44a Divisione fanteria , distrutta e abbandonata lungo la strada verso Suomussalmi nel gennaio 1940 (www.waralbum.ru)

▲ Un trattore leggero sovietico T-20 "Komsomolets" abbandonato ispezionato dai soldati finlandesi (www.waralbum.ru)

▼ Autoblindo sovietica BA-20 catturata dai finlandesi (www.waralbum.ru)

▲ Autoblindo sovietica BA-20 messa fuori usa il 20 marzo 1940 a Oinassalmi e catturata dai finlandesi (Archivio SA-kuva)

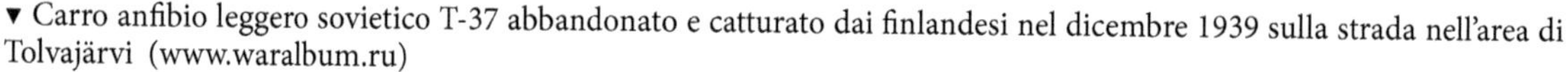

▼ Carro anfibio leggero sovietico T-37 abbandonato e catturato dai finlandesi nel dicembre 1939 sulla strada nell'area di Tolvajärvi (www.waralbum.ru)

▲ Carro armato Vickers 6-Ton armato della 4a compagnia messo fuori combattimento dai sovietici durante la battaglia di Honkaniemi del 23 febbraio 1940 (https://it.topwar.ru)

▼ I carri armati Vickers 6-Ton R-666 ed R-672 distrutti durante l'azione di retroguardia per contrastare l'avanzata sovietica in direzione dell'abitato di Pero il 29 febbraio 1940 (Archivio SA-kuva)

▲ Un carro armato OT-26 mod. 1931 sovietico abbandonato nel marzo 1940 (Archivio SA-kuva)

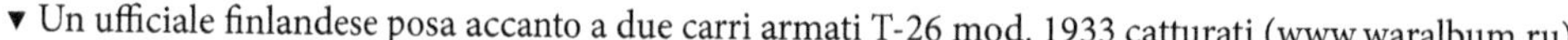

▼ Un ufficiale finlandese posa accanto a due carri armati T-26 mod. 1933 catturati (www.waralbum.ru)

▲ Carro armato T-26 mod. 1937 appartenente alla 40a Brigata Carri Leggeri catturato dai finlandesi (www.suomensotilas.fi)

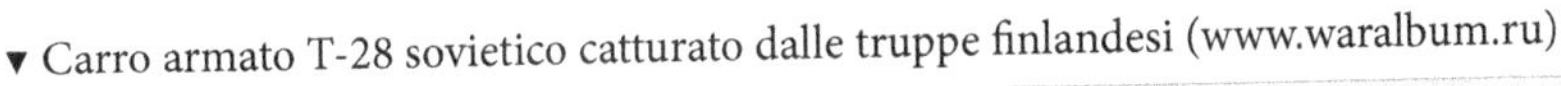

▼ Carro armato T-28 sovietico catturato dalle truppe finlandesi (www.waralbum.ru)

▲ Uno dei due carri armati sovietici T-28 catturati intatti mentre viene trasferito nelle retrovie (www.waralbum.ru)

▼ Il prototipo del carro armato pesante SMK, in servizio in una compagnia del 91° Battaglione carri della 20ª Brigata carri pesanti, saltato su una mina e abbandonato sul campo nel settore di Summa nel gennaio 1940. Venne recuperato dai sovietici solo dopo l'armistizio. (www.waralbum.ru)

DALLA PACE ALLA GUERRA DI CONTINUAZIONE

L'Unione Sovietica era uscita vittoriosa dal conflitto, ma la vittoria era stata pagata a caro prezzo, con decine di migliaia tra caduti, feriti e dispersi, oltre alla perdita di migliaia di mezzi di tutti i tipi. I finlandesi catturarono sul proprio territorio centinaia di mezzi corazzati e blindati, che provvidero a riparare per essere rimessi in servizio nel loro esercito. Poichè la piccola officina del *Panssaripataljoona* a Hämeenlinna non era in grado di riparare e/o revisionare il gran numero di carri armati sovietici catturati, il 15 dicembre 1939 venne deciso di costruire a Varkaus il *Panssarikeskuskorjaamo*, un'officina centralizzata per la riparazione dei blindati, presso alcuni edifici della fabbrica Alström JSC. Sotto il comando del maggiore Ruotsi, sottufficiali e militari di truppa, insieme a meccanici civili e volontari stranieri[5], riuscirono in breve tempo ad installare attrezzature e macchine utensili, consentendo all'officina di iniziare le riparazioni sulle decine di mezzi che venivano trasportati dai campi di battaglia[6].

A Varkaus vennero portati mezzi quasi intatti, mezzi lievemente danneggiati e altri irrecuperabili perché distrutti e/o bruciati, insieme a parti smontate ai carri armati che non era stato possibile trasportare, compreso le torrette complete di cannoni e mitragliatrici, utilizzando i materiali recuperati come pezzi di ricambio. Ogni mezzo che arrivava era censito e numerato. Durante la Guerra d'Inverno arrivarono oltre 300 mezzi di tutte le tipologie a Varkaus. Furono almeno 131 i carri armati recuperati tra T-26 mod. 1931, T-26 mod. 1933, T-26 mod. 1938[7], OT-26, OT-130[8], T-28, BT-5, T-37, T-38; 21 i mezzi blindati, D-8, FAI, BA-6, BA-10, BA-20, e 62 i trattori leggeri T-20 Komsomolets[9] giunti al *Panssarikeskuskorjaamo* per essere rimessi in efficienza e riutilizzati.

Nel gennaio 1941 il totale di carri T-26, riparati e pronti per essere inviati ai reparti, era di 47 mezzi, di cui 5 T-26A e 42 tra T-26B e T-26C.

Le poche azioni che avevano visto coinvolto il Vickers 6-Ton, avevano dimostrato la scarsa efficacia del cannone da 37 mm nei confronti dei carri sovietici, soprattutto contro il carro medio T-28. Visto la grande disponibilità di cannoni da 45 mm, compreso il munizionamento, i 26 Vickers 6-Ton rimasti vennero riarmati con il cannone da 45 mm 20K mod. 1934 e la mitragliatrice coassiale Degtjarëv DT da 7,62 mm, venendo denominati T-26E (*Englantilainen* – inglesi).

Oltre a recuperare e ripristinare l'ingente bottino di guerra catturato ai sovietici durante la Guerra d'Inverno, i Comandi finlandesi studiarono attentamente le cause che avevano portato alla sconfitta di Honkaniemi e alla perdita di così tanti carri armati durante gli scontri con il nemico. Vennero così elaborate nuove tattiche di impiego dei carri armati, perfezionata la cooperazione con la fanteria, migliorato l'addestramento, completata l'installazione delle radio sui mezzi e ristrutturato il battaglione corazzato.

5 Il 21 febbraio 1940 un ufficiale italiano, un ufficiale e un soldato belgi arrivarono a Varkaus e prestarono la loro opera nel ripristino dei mezzi catturati e portati in riparazione. Un'azienda svedese donò al Panssarikeskuskorjaamo macchine utensili sulle quali operarono numerosi meccanici svedesi, dal novembre 1941 al dicembre 1942 furono una sessantina, svolgendo le mansioni più complesse, contribuendo con il loro lavoro alla riparazione di decine di mezzi.

6 Oltre all'officina di Varkaus, nell'opera di ripristino dei mezzi catturati vennero coinvolte anche stabilimenti civili: Lokomo AO, Rosenlev, Ruona AO e Ahlström, oltre all'officina militare di Hameenlinna.

7 I finlandesi usarono la seguente denominazione per i carri T-26 catturati: T-26 Modello 1931 (dotato di due torrette con mitragliatrici) T-26A; T-26 Modello 1933 (con torretta rivettata) T-26B; T-26 Modello 1937 (con torretta saldata) T-26C.

8 I carri armati OT-26 e OT-130 erano la versione lanciafiamme del T-26 modello 1931, dove al posto della mitragliatrice in una torretta, e T-26 modello 1933, dove al posto del cannone da 45, mm era installato un lanciafiamme. Durante la Guerra d'inverno i finlandesi catturarono ai sovietici 2 OT-26 e 4 OT-130, mentre nella Guerra di Continuazione furono catturati 4 OT-133.

9 In totale i trattori leggeri T-20 Komsomolets catturati dai finlandesi, durante le Guerre d'Inverno e di Continuazione, assommano a oltre 210, di questi 202 furono assegnati ai reparti.

Con l'arrivo dei nuovi mezzi il *Panssaripataljoona* venne strutturato su:

- 1ª - 2ª - 3ª compagnia corazzata – ognuna con 15/16 carri tra T-26B/T-26C/T-26E oltre a 3 T-26A
- un plotone carri pesanti dotato di 2 carri T-28 e 2 T-26[10]
- un plotone carri lanciafiamme con 4 OT-130
- due plotoni ricognizione con 5 carri anfibi T-37 o T-38

Comandante del battaglione corazzato venne nominato il tenente colonnello Bjorkman.

Grazie al lavoro delle officine per il ripristino dei mezzi catturati, alla data del 31 maggio 1941 i carri armati in servizio nei reparti finlandesi erano i seguenti:

- 29 T-37A
- 13 tra T-38 e T-38M
- 10 T-26A
- 20 T-26B
- 4 T-26C
- 26 T-26E
- 2 OT-26
- 4 OT-130
- 2 T-28

Nessuna delle 22 autoblindo, catturate e riparate, venne assegnata al *Panssaripataljoona,* vennero invece tutte assegnate a plotoni blindati in servizio presso divisioni di fanteria come unità di ricognizione.

▲ Carri armati sovietici, catturati durante la Guerra d'inverno, presso il deposito di Varkaus nella primavera del 1940, in attesa di essere riutilizzati (www.hameensanomat.fi)

10 Il plotone carri pesanti era denominato Raskas Panssarijoukkue.

▲ Carro armato lanciafiamme OT-130 catturato fotografato durante le riparazioni effettuate presso la Panssarikeskuskorjaamo, la principale struttura di riparazione per veicoli corazzati, nell'aprile del 1940. Sulla destra si possono notare due Vickers 6-Ton con le insegne di nazionalità, bianca-blu-bianca, dipinte intorno alla torretta, in uso durante la guerra d'inverno. (Archivio SA-kuva)

▼ Carro armato lanciafiamme OT-130 sovietico, abbandonato dai sovietici durante la Guerra d'inverno, in fase di recuperato da parte dei reparti finlandesi (Archivio SA-kuva)

▲ Uno dei due carri armati T-28 catturati durante la guerra d'inverno, durante le prove a Varkaus nell'aprile 1940 (Archivio SA-kuva)

▼ Un carro armato T-28 catturato ai sovietici, ricondizionato nell'officina di Varkaus e consegnato all'esercito finlandese (Archivio SA-kuva)

▲ Recupero di carri armati T-26 catturati vicino al villaggio di Ruhtinaanmäki, in primo piano un T-26 mod. 1937, sullo sfondo un T-26 mod. 1931 a due torrette (www.waralbum.ru)

▲ Un trattore leggero sovietico T-20 "Komsomolets" riutilizzato dai finlandesi dopo la riparazione (www.palasuomenhistoriaa.net)

▼ Un carro armato anfibio T-38, catturato ai sovietici, revisionato e consegnato all'esercito finlandese (www.waralbum.ru)

"JATKOSOTA" - LA GUERRA DI CONTINUAZIONE

L'applicazione delle dure clausole previste dal trattato di pace, la crisi economica, la presenza di decine di migliaia di profughi fuggiti dai territori ceduti all'Unione Sovietica, la convinzione, da parte dei vertici politici e militari, che presto i sovietici sarebbero tornati all'attacco per conquistare la Finlandia, oltre alle continue pressioni esercitate dall'Unione Sovietica, spinsero velocemente il paese nell'orbita tedesca. La Germania, che già nell'agosto 1940 aveva chiesto il permesso per il passaggio delle sue truppe verso al Norvegia in cambio della vendita di armi, ottenendo il consenso da parte finlandese, elaborò i piani per le operazioni, da svolgere in stretta cooperazione tra le truppe tedesche e finniche, come parte della più complessa operazione "*Barbarossa*".
Nel maggio 1941 i piani tedeschi vennero presentati ai vertici militari finlandesi, che li accettarono tacitamente nei successivi incontri tenutisi ad Helsinki ai primi di giugno. Il 16 giugno 1941 venne proclamata la mobilitazione generale. Il 22 giugno ebbe inizio l'operazione "*Barbarossa*".

Il 25 giugno 1941 le truppe finlandesi iniziarono l'offensiva contro le truppe sovietiche schierate sulla linea armistiziale del marzo 1940, era l'inizio della cosiddetta Guerra di Continuazione, a fianco dell'alleato tedesco. Nel mese di luglio il *Panssaripataljoona* venne accorpato alla 1ª Brigata *Jääkäri/Jäeger*, formando una Brigata *Jäeger* rinforzata al comando del colonnello Ernst Ruben Lagus. Tra il 12 e il 18 agosto 1941, alcuni carri BT-5 e BT-7 catturati intatti ai sovietici, vennero assegnati al plotone carri pesanti, che cedette i suoi 2 T-26 alla 1ª e 3ª compagnia carri[11], costituendo il *Christie-Osasto* (Distaccamento Christie), formato da 3 carri BT-5 e 2 BT-7. Con l'arrivo dei nuovi mezzi il plotone carri pesanti risultava così costituto:

- 2 carri T-28
- 3 carri BT-5
- 2 carri BT-7
- 4 autocarri (manutenzione, munizioni, carburante e rifornimenti)
- 1 autovettura

I carri armati BT furono utilizzati come supporto alla fanteria, per cui venne creata un'unità distaccata di fanteria *Jäeger*, denominata *Kevyt Osasto 4* (Distaccamento Leggero 4), addestrata a combattere come la fanteria sovietica trasportata sui carri, ed inserita nel plotone carri pesanti. Ogni BT ebbe una squadra formata da un sottufficiale e sei fanti che veniva trasportata sul retro del carro e smontava quando doveva combattere.

La 1ª Brigata *Jääkäri/Jäeger*, nei primi mesi di guerra, non fu particolarmente coinvolta nei combattimenti, il battaglione corazzato rimase a disposizione dietro la linea del fronte fino ai primi di settembre. Il 3 settembre scattò l'offensiva finlandese sul fronte del lago Lagoda. Il 6 le truppe al comando del colonnello Lagus, partite da Tuulosjoki, conquistarono Olonetz, il 7 raggiunsero il fiume Svir'[12], tra il lago Lagoda e il lago Onega, e l'8 interruppero la linea ferroviaria che porta a Murmansk a Lodejnoe Pole. I carri del *Panssaripataljoona* parteciparono alla battaglia di Tuulos e successivamente contribuirono alla conquista della città di Petrozavodsk[13], caduta in mano finlandese il 1° ottobre.

Nei combattimenti iniziali del 4 settembre venne impiegato il plotone carri pesanti, che ebbe tutti e due i T-28 colpiti e danneggiati dai colpi degli anticarro sovietici, mentre il *Christie-Osasto*

11 Durante la Guerra di Continuazione furono catturati in totale 62 carri BT-5 e 53 BT-7.
12 Il fiume Svir' per i finlandesi era denominato Syväri.
13 La città di Petrozavodsk, per i finlandesi Petroskoi, dopo la sua conquista venne rinominata Äänislinna durante la Guerra di Continuazione.

mostrò tutta la difficoltà dei carri BT a muoversi su terreni fangosi. Infatti, 2 BT-5 rimasero bloccati nel fango non potendo partecipare all'azione. Il giorno 5, 2 carri BT furono inviati all'inseguimento delle truppe sovietiche in ritirata, ma furono colpiti dagli anticarro che distrussero il BT-7 R-100. Il 7 il plotone, con i carri rimasti, continuò l'avanzata da Aunus al fiume Svir'. Tra il 13 e il 14 settembre tutti i quattro carri BT rimasti risultavano fuori uso per guasti o rotture meccaniche. Poichè non era possibile effettuare la riparazione in loco, i mezzi furono spediti a Varkaus il 16 e il *Christie-Osasto* venne sciolto il 17. Si concludeva così la breve esperienza bellica dei carri armati BT nel *Panssari-pataljoona.* Lasciata una compagnia sullo Svir', il battaglione corazzato venne trasferito sul fronte a nord del lago Onega, dove dal 9 novembre prese parte all'offensiva che portò alla conquista di Medvežegorsk e Povenetz il 4 e 5 dicembre. La compagnia rimasta sullo Svir' partecipò ai combattimenti nei pressi dei villaggi di Lobskaja e Gora sulla sponda orientale del fiume. A metà dicembre del 1941 l'offensiva si concluse e le truppe finlandesi si trincerarono sulla linea raggiunta, che rimase immutata fino alla ripresa del conflitto nel giugno del 1944. Il *Panssaripataljoona* venne trasferito in riserva acquartierandosi nella zona di Petrozavodsk.

La vittoriosa offensiva in Carelia, oltre a consentire ai finlandesi di superare la vecchia linea di confine del 1939 e di conquistare vaste aree della Carelia sovietica, permise di catturare decine e decine di mezzi corazzati ai sovietici. Oltre a diversi carri medi e pesanti, tra T-28, KV-1 e T-34, furono ancora molti i carri anfibi e T-26, insieme ad alcuni carri lanciafiamme OT-133, catturati intatti o danneggiati. Inoltre, a differenza della Guerra d'Inverno dove la maggior parte dei carri BT era stata abbandonata sul terreno perché impossibilitati a recuperarli stante la carenza di mezzi idonei, oltre al fatto che molti erano bruciati, durante questa fase furono decine i carri BT-5 e BT-7 catturati intatti o poco danneggiati. Come visto poco sopra però, i finlandesi non considerarono valido il carro e non vennero introdotti in servizio se non in pochissimi esemplari.

Vennero quindi enucleate decine di torrette dai carri BT ed utilizzate per armate i fortini e i bunker delle linee difensive, mentre pochi scafi servirono per la costruzione dei cannoni d'assalto. Grazie alla disponibilità di nuovi carri armati, all'inizio del 1942 venne così costituito un secondo battaglione corazzato su due compagnie carri. Nel febbraio 1942 il plotone carri pesanti fu trasformato in compagnia carri pesanti *Raskas Panssarikomppania, dotato di 1 T-34 e 6 T-28.* Dopo pochi mesi, i carri a disposizione erano diventati: 3 T-34, 2 KV-1, 7 T-28 e 1 T-50.

Il 10 febbraio 1942[14] venne emesso l'ordine di servizio inerente la costituzione della Brigata corazzata Panssariprikaati, ufficialmente costituita il 9 marzo, che doveva essere composta da tre battaglioni carri, di cui il terzo dotato di carri medi T-28, T-34 e BT-5/7. Poichè il numero di carri medi catturati al momento non era sufficiente, il piano fu modificato inserendo al posto del terzo battaglione carri un Panssaritykkipataljoona (Battaglione cannoni d'assalto). Nel giugno del 1942 il Päämaja (Quartier Generale delle forze armate) emise l'ordine per costituire questo battaglione denominato Rynnäkkötykkipataljoona (Battaglione di cannoni d'assalto).

La Panssariprikaati era composta da:

- due battaglioni corazzati
- un battaglione cannoni d'assalto
- una batteria semovente antiaerei dal mese di maggio

Ad aprile alcuni reparti della Brigata parteciparono alla controffensiva in Carelia, nella zona di Rapovanmaki, per respingere un attacco sovietico, perdendo 4 carri T-26.

Tra maggio e giugno venne effettuata una nuova riorganizzazione dei due battaglioni corazzati:

- 1° battaglione – 1ª e 2ª compagnia: ognuna con 17 T-26, 3ª compagnia: 3 T-34, 3 T.28, 5 T-26
- 2° battaglione - 4ª e 5ª compagnia: ognuna con 17 T-26, 6ª compagnia: 2 KV-1, 4 T-28, 5 T-26.

14 Secondo altre fonti l'ordine di costituzione della Panssariprikaati venne emesso il 23 febbraio.

LA PANSSARIDIVISIOONA

Il 28 giugno 1942 lo Stato Maggiore decise di costituire la *Panssaridivisioona*, aggregando alla Brigata *Jäeger* la Brigata corazzata. La Divisione, di fatto costituita in data 30 giugno, risultava così costituita:

- Quartier generale divisionale
- Brigata *Jäeger*
- 2 ° Battaglione *Jäeger*
- 3 ° Battaglione *Jäeger*
- 4 ° Battaglione *Jäeger*
- Compagnia motociclisti
- Brigata corazzata *Panssariprikaati*
- 1 ° Battaglione corazzato
- 2 ° Battaglione corazzato
- Battaglione cannoni d'assalto
- Reggimento artiglieria
- 14 °Battaglione cannoni pesanti
- Due Battaglioni cannoni leggeri
- Battaglione artiglieria controcarro
- Battaglione genio
- Batteria artiglieria antiaerea semovente
- Compagnia trasmissioni corazzata
- Servizi vari

I carri in servizio nella *Panssaridivisioona,* suddivisi tra i due *Panssaripataljoona,* erano i seguenti:

- 80 T-26 (tra B/C/E)
- 7 T-28
- 3 T-34
- 2 KV-1
- 6 semoventi antiaerei Landsverk L-62 Anti II[15] nella batteria antiaerea
- 4 tra T-37 e T-38 nella compagnia trasmissioni

Nel battaglione controcarro i cannoni PaK 38 erano trainati dai trattori leggeri T-20 Komsomolets. Il comando della *Panssaridivisioona* venne assegnato al maggior generale Ernst Ruben Lagus.

I mezzi per armare il Battaglione cannoni d'assalto non erano presenti nell'arsenale dell'esercito finlandese, venne quindi dato ordine alla VTT di progettare un nuovo mezzo sulla base del carro BT-7 armato con l'obice britannico Ordnance QF 4,5in. MK 2 da 114 mm denominato 114 H/18. La VTT, in collaborazione per alcune lavorazioni con Oy Lokomo Ab e Crichton-Vulcan, costruì entro i primi di settembre del 1942 un carro BT-7 dotato di una torretta molto alta e larga contenente l'obice 114 H/18 e lo inviò al battaglione per le prove sul campo. Il carro venne denominato ufficialmente *15 tonnin rynnäkkötykkipansarivaunu BT-42* (carro armato d'assalto da 15 tonnellate BT-42), comunemente chiamato BT-42. Vennero ordinati 18 BT-42 per armare tre compagnie di 6 mezzi cadauna. Le prove alle quali venne sottoposto il BT-42 diedero un pessimo risultato, il mezzo fu

15 Il Luftvärnskanonvagn L-62 anti II, più conosciuto come Landsverk L-62 Anti II, era un semovente antiaereo progettato e costruito in Svezia su richiesta finlandese. In Finlandia il veicolo venne designato ItPsv 41, Ilmatorjuntapanssarivaunu 41 (Carro armato antiaereo 41). Era armato con un cannone antiaereo Bofors L/60 da 40 mm.

ritenuto insoddisfacente e vennero richieste numerose modifiche. I primi BT-42 modificati vennero consegnati alla 1ª compagnia il 26 febbraio 1943, seguiti a marzo dai mezzi per la 2ª e a maggio per quelli della 3ª. La consegna di tutti i 18 BT-42, in ritardo di molti mesi rispetto a quanto previsto, avvenne entro la fine del 1943.

Oltre a riparare e revisionare i carri danneggiati e/o recuperati sui campi di battaglia, e a costruire i nuovi cannoni d'assalto BT-42, nell'officina di Varkaus si procedette anche alla sostituzione del motore di tutte la autoblindo BA-6 e BA-10 catturate ai sovietici e assegnate ai vari reparti finlandesi. I motori GAZ-AA e GAZ-MM da 50 cv vennero sostituiti con i più potenti motori Ford V-8 da 95 cv, consentendo alle autoblindo un deciso miglioramento delle prestazioni sul difficile terreno finlandese.

La divisione trascorse i restanti mesi del 1942 a completare l'addestramento, rimanendo in riserva operativa nelle retrovie del fronte. Nella primavera del 1943 venne trasferita sul fronte Aunus, dove operò come riserva tattica.

Nel marzo 1943 il comando della *Panssaridivisioona* propose di convertire 20 carri BT-7 in trasporto truppe. Dapprima respinta, dopo pochi mesi venne invece accettata la proposta di convertire 14 BT-7 in veicoli corazzati trasporto truppe. Il 18 maggio a Varkaus iniziarono i lavori sul prototipo, lavori che si conclusero entro il mese di ottobre con il trasferimento del mezzo al 3° battaglione *Jäeger* l'11 novembre per i test sul campo. Il nuovo mezzo, denominato BT-43 e immatricolato Ps. 611-1, poteva trasportare 10 militari, ma non venne ulteriormente modificato dopo le richieste avanzate dopo i test. Dotato di un cassone in legno, proveniente da un autocarro, venne successivamente utilizzato come veicolo porta munizioni.

Nei mesi di giugno e luglio 1943, la 1ª compagnia del battaglione d'assalto fu inviata nella zona del fronte sul fiume Svir, per valutare sul campo l'operatività del BT-42. La 1ª compagnia era costituita dai BT-42 R-704, R-708, R-710, R-713 e R-717. Utilizzati per distruggere bunker e postazioni difensive dotate di mitragliatrici, con azioni a fuoco diretto e indiretto, dimostrarono la loro efficacia annientando e danneggiando centinaia di postazioni nemiche, ma contemporaneamente anche di non avere alcuna capacità anticarro e di andatura fuori strada. Durante questo ciclo operativo, a causa del fuoco nemico, la 1ª compagnia ebbe a subire la perdita di un morto e un ferito, oltre ad avere il BT-42 R- 710 danneggiato lievemente. Nonostante avesse dimostrato la sua utilità come cannone semovente, il BT-42 venne considerato non idoneo al ruolo originariamente previsto di cannone d'assalto, come quello svolto dagli Stug nelle divisioni corazzate tedesche.

Nel maggio del 1943, preso atto delle deficienze del BT-42 come cannone d'assalto, il *Päämaja* richiese all'alleato tedesco la fornitura di 45 cannoni d'assalto Sturmgeschütz III Ausf. G . I tedeschi dichiararono la loro disponibilità a vendere un totale di 30 Stug III Ausf. G entro l'anno[16], oltre a fornire il personale per l'addestramento.

Gli Stug III Ausf G, trasportati via nave, vennero consegnati dai tedeschi in tre lotti:

- 6 luglio 1943: 10
- 10 agosto 1943: 8
- 3 settembre 1943: 12

Tutti i mezzi, nuovi e verniciati in dunkelgelb, vennero trasferiti presso il *Panssarikeskus* dove furono riverniciati con la mimetica standard a tre toni finlandese, ricevettero i contrassegni di nazionalità e la numerazione Ps., sostituirono la MG-34 con la mitragliatrice sovietica DT installata sullo scudo pieghevole sul tetto della casamatta. Il 2 settembre gli Stu 40G iniziarono ad essere consegnati al *Rynnäkkötykkipataljoona*, che poté così cedere i BT-42.

16 In totale furono 59 gli Sturmgeschütz III Ausf. G consegnati ai finlandesi, 30 nel 1943 e 29 nel 1944. Nel Suomen Maavoimat vennero inventariati come 24 tonnin rynnäkkötykki-panssarivaunu Sturmgeschütz 40, abbreviata come 24 Ryn. tyk.psv./Stu.40 o Stu 40G, ma gli equipaggi li chiamarono semplicemente "Sturmi".

Presso il battaglione tutti gli Stu 40G vennero sottoposti ad altre modifiche riguardanti:

- Rimozione degli *schürtzen* e dei punti di attacco
- Aggiunta di una cassa di legno sul retro sopra il vano motore per contenere attrezzi vari
- Riposizionamento delle ruote di scorta ai lati dello scafo su nuovi supporti.

L'organizzazione del battaglione cannoni d'assalto era la seguente:

- Compagnia comando
- Plotone comando: 2 Stu 40G, 1 BA-20, 2 autocarri, 3 motociclette
- Plotone rifornimenti: 10 autocarri e 1 ambulanza
- Plotone radio: automezzo Steyr Sd.Kfz. 15
- 1ª Compagnia cannoni d'assalto
- Plotone comando: 2 Stu 40G, 1 BA-20, 1 autocarro
- 1° Plotone: 3 Stu 40G
- 2° Plotone: 3 Stu 40G
- 3° Plotone: senza mezzi fino all'agosto 1944
- Squadra manutenzione:1 Kubelwaben, 1 autocarro
- Plotone rifornimento: 3 Ford Maultier, 4 autocarri, 1 ambulanza
- 2ª Compagnia cannoni d'assalto
- Plotone comando: 2 Stu 40G, 1 BA-20, 1 autocarro
- 1° Plotone: 3 Stu 40G
- 2° Plotone: 3 Stu 40G
- 3° Plotone: senza mezzi fino all'agosto 1944
- Squadra manutenzione:1 Kubelwaben, 1 autocarro
- Plotone rifornimento: 3 Ford Maultier, 4 autocarri, 1 ambulanza
- 3ª Compagnia cannoni d'assalto
- Plotone comando: 2 Stu 40G, 1 BA-20, 1 autocarro
- 1° Plotone: 3 Stu 40G
- 2° Plotone: 3 Stu 40G
- 3° Plotone: senza mezzi fino all'agosto 1944
- Squadra manutenzione:1 Kubelwaben, 1 autocarro
- Plotone rifornimento: 3 Ford Maultier, 4 autocarri, 1 ambulanza

Subordinato al *Rynnäkkötykkipataljoona* c'era anche il III Plotone officine mobili, dotato di autocarri officina Büssing-NAG 4500, semicingolati Sd.Kfz. 9 FAMO, autogrù Büssing-NAG 4500 e altri autocarri. Risolto il problema dell'armamento del battaglione cannoni d'assalto, rimaneva da prendere la decisione su come utilizzare i 18 BT-42 in servizio. Vennero avanzate due opzioni:

- Batteria di artiglieria semovente separata (*Erillinen Panssaripatteri*): dotata di 6 BT-42 utilizzata per il fuoco indiretto
- Compagnia di carri armati separata (*Erillinen Panssarikomppania*): dotata di 12 BT-42 utilizzata per il fuoco diretto

Venne scelta l'opzione della Compagnia carri separata, costituita nel novembre 1943, che il 7 dicembre ricevette 12 BT-42 dal *Rynnäkkötykkipataljoona.*

Proseguiva nel frattempo l'addestramento intenso dei vari reparti che raggiunsero un alto livello di preparazione tanto da far meritare alla Divisione l'appellativo di "*Marskin Nyrkki*" ("Pugno del Maresciallo"), in riferimento al Maresciallo Mannerhein. La *Panssaridivisioona* venne anche indicata come "*Laguksen Nuolet*" ("Frecce di Lagus") dall'emblema divisionale rappresentante tre frecce gialle e nere ideate dal maggior generale Lagus[17].

17 L'emblema della Panssaridivisioona ideato dal maggior generale Lagus è tuttora il distintivo da braccio dei militari dell'attuale Brigata Corazzata dell'Esercito finlandese.

Il 13 febbraio 1944 la *Panssaridivisioona*, dopo aver trascorso oltre un anno sul fronte dell'Aunus, venne trasferita nella zona di Viipuri, dove numerosi segnali indicavano l'avvicinarsi dell'offensiva sovietica.

Alla data del 17 marzo 1944 erano in servizio nella *Panssaridivisioona* i seguenti mezzi:

- 98 T-26 tra B/C/E
- 7 T-28
- 7 T-34
- 2 KV-1
- 14 BT-42
- 4 T-38
- 1 T-50
- 6 Landsverk Anti AA
- 26 Stu 40G[18]
- 18 T-20 Komsomolets
- 20 autoblindo

Nel giugno 1944 la *Panssaridivisioona* risultava così strutturata:

- Quartier generale della divisione corazzata
- Brigata corazzata - *Panssariprikaati*
- 1 ° Battaglione corazzato (T-26 B/C/E), compagnia pesante (T-34, T-50)
- 2 ° Battaglione corazzato (T-26 B/C/E), compagnia pesante (KV-1, T-28, T-34)
- Batteria AA corazzata (Landsverk Anti II)
- Battaglione cannoni d'assalto (Stu 40G)
- Battaglione d'addestramento corazzato (T-26A)
- Brigata *Jäeger*
- 2 ° Battaglione *Jäeger*
- 3 ° Battaglione *Jäeger*
- 4 ° Battaglione *Jäeger*
- 5 ° Battaglione *Jäeger*
- Battaglione *Jäeger* anticarro (Pak 38 e Pak 40 trainati da trattori leggeri T-20 Komsomolets)
- 14 ° battaglione di artiglieria pesante
- 6 ° battaglione dei segnali
- 2 ° battaglione dei pionieri
- *Erillinen Panssarikomppania* (BT-42)

L'organico era di 9.345 uomini in servizio.

L'intelligence sovietica valutava i mezzi in servizio nella *Panssaridivisioona* in 108 carri armati, tra leggeri/medi e pesanti, e 24 cannoni d'assalto, molto vicino alla reale consistenza dei mezzi in servizio nella divisione, dimostrando un'elevata capacità di indagine sul campo.

Il 4 giugno 1944, in occasione del settantasettesimo compleanno del Maresciallo Mannerheim, a Enso si tenne una parata militare, alla presenza del Presidente finlandese Ryti, con la partecipazione di decine di carri armati e cannoni d'assalto, tra T-26, T-28, T-34/76, BT-42, Stu 40G, BA-20, trattori T-20 con Pak al traino.

Entro il 10 giugno l'organizzazione della *Erillinen Panssarikomppania* venne modificata assumendo la seguente struttura:

- Plotone comando: 2 BT-42

---

18 Secondo altre fonti gli Stu 40G in servizio erano 23.

- 1° Plotone: 3 BT-42
- 2° Plotone: 3 BT-42
- 3° Plotone: 3 BT-42

Per un totale di 11 BT-42 invece dei 14 in servizio nella precedente organizzazione, che prevedeva 2 mezzi nel plotone comando e 6 mezzi per ognuno dei 2 plotoni. Erano presenti 5 ufficiali, 17 sottufficiali e 65 soldati.

Nel periodo tra giugno e agosto i tedeschi consegnarono altri 29 Stu 40G in 5 lotti:

- 29 giugno 1944: 5
- 2 luglio 1944: 7
- 6 luglio 1944: 3
- 3 agosto 1944: 6
- 6 agosto 1944: 8

I due anni di guerra di trincea avevano consentito all'Unione Sovietica di addestrare nuove truppe e rinforzarsi considerevolmente. Dopo aver liberato dall'assedio Leningrado nel gennaio 1944, lo Stavka decise che era giunto il momento per distruggere l'esercito finlandese, costringere la Finlandia a chiedere la pace e riportare le frontiere a quanto stabilito nel 1940. Per raggiungere tali obiettivi vennero elaborate delle offensive su due fronti: la prima da Leningrado verso Viborg fino al fiume Kymi nell'istmo della Carelia, la seconda dal fiume Svir' fino al confine del 1940 nella Carelia sovietica. Per affrontare tali offensive i sovietici impiegarono 3 Armate sul fronte di Leningrado e 2 su quello della Carelia, per un totale di oltre 450.000 uomini, 800 carri armati, 10.500 cannoni e 1600 aerei. A fronteggiare questa massa di uomini e mezzi, la Finlandia potè opporre inizialmente solo 75.000 uomini, saliti successivamente a 268.000, 1.930 cannoni, 110 carri armati (di cui solo 30/40 moderni) e 248 aerei (solo 50 moderni). Il rapporto di forze era di 1,7:1 per gli uomini, 5,2:1 nei cannoni, 6/7:1 negli aerei e nei carri armati. Considerando però solo i mezzi moderni in servizio nell'esercito finlandese, il rapporto era di 20:1 per carri e aerei.

L'esercito finlandese aveva predisposto tre linee difensiva nell'istmo della Carelia, la linea principale, costruita lungo la linea del fronte raggiunta nel 1941, la linea VT (Vammelsuu-Taipale) 20 km dietro la linea principale e la linea VKT (Viipuri-Kuparsaari-Taipale), Mentre le prime due erano state rinforzate anche se non completate, la linea VKT era solo abbozzata e la costruzione aveva avuto inizio solo nel maggio 1944. Esisteva poi la *Salpa Line*, costruita dietro alla frontiera del 1940 davanti al fiume Kymi.

Nella Carelia sovietica, lungo la sponda del fiume Svir', vennero predisposte delle zone di difesa in profondità con bunker in cemento, trincee ed ostacoli. La prima offensiva verso Viborg iniziò il 10 giugno 1944, dopo un giorno di preparazione con continue incursioni aeree e cannoneggiamenti con cannoni pesanti. Le difese furono travolte già il primo giorno di combattimenti.

La *Panssaridivisioona* venne subito impegnata per arginare l'offensiva sovietica, con la Brigata *Jäeger* che l'11 contrattaccò nella zona di Pulviselkä, venendo però costretta a ripiegare a causa della soverchiante superiorità del nemico. Effettuò un nuovo contrattacco il 14 giugno, in collaborazione con il *Rynnäkkötykkipataljoona*, ma la schiacciante supremazia materiale e numerica sovietica causò lo sfondamento della linea difensiva a Kuuterselkä, obbligando gli Jäeger a ripiegare con forti perdite.

I combattimenti a Kuuterselkä furono i primi che videro coinvolto il *Rynnäkkötykkipataljoona*. Nonostante la superiorità numerica sovietica, gli Stu 40G ottennero degli ottimi risultati, distruggendo 18 carri armati e 3 cannoni d'assalto nemici, con la perdita di 5 mezzi: il 531-29 distrutto da un T-34/85, il 531-17 colpito più volte, immobilizzato e danneggiato, infine sabotato dal suo equipaggio, il 531-24 rimasto bloccato ed abbandonato dall'equipaggio dopo aver esaurito le munizioni, il 531-23 abbandonato sul campo di battaglia dall'equipaggio senza conoscere la causa, il 531-1 colpito e distrutto con perdite nell'equipaggio.

IL 15 giugno la *Erillinen Panssarikomppania* ricevette l'ordine di portarsi a Perkjärvi, spostando verso sera il 3° plotone oltre una collina con alcuni carri T-26E e un KV-1. Nel pomeriggio del 17 il comandante della compagnia, il tenente Sippel, ricevette l'ordine di spostarsi sulla sponda orientale del Lago Muolaanjärvi. Due BT-42, il 511-19 e l'R-705 guasti, vennero abbandonati e sabotati a sud di Kivennapa e a Perkjärvi. La sera del 18, dopo l'ennesimo trasferimento, la compagnia giunse a Viipuri, dove venne sabotato il BT-42 511-15 guasto. La mattina del 19 prese posizione sulla collina di Kolikkoi. Nonostante il tenente Sippel avesse suggerito di schierare i BT-42 come supporto di fuoco indiretto, il comandante della fanteria decise invece di dividere i carri a supporto della fanteria per fornire un aiuto con fuoco diretto contro e carri sovietici, ruolo questo non adatto ai BT-42 come già sperimentato l'anno precedente.

La mattina del 20 giugno i BT-42 erano tutti posizionati presso le postazioni fissate dal comando della difesa di Viipuri. Nella mattinata scattò l'attacco sovietico, appoggiato da carri T-34/85 e da semoventi ISU-122. La *Erillinen Panssarikomppania* cercò di contrastare i mezzi nemici, ma troppo netta era la supremazia materiale sovietica per poter impedire al nemico di sopraffare le difese.

Tra il 20 e il 22 giugno vennero persi i BT-42: R-712 e R-713, presso la stazione di Viipuri, sabotati dagli equipaggi perché rimasti bloccati; l'R-717 del tenete Sippel distrutto da un T-34/85 a Viipuri; il 511-7 sabotato dopo essere rimasto bloccato in un fossato nel sobborgo di Karjala a Viipuri; l'R-702 sabotato dall'equipaggio ad est di Viipuri. Da sottolineare come, a parte il BT-42 R-717, tutti gli altri 7 cannoni d'assalto persi lo furono per guasti tecnici. Dal 23 al 28 giugno la compagnia rimase nella zona di Viipuri per poi spostarsi il 1° luglio a sud di Myllylä.

Dal 25 giugno l'intera Brigata venne coinvolta nella battaglia di Tali-Ihantala, contribuendo efficacemente alla difesa della linea difensiva finlandese. Si distinse ancora una volta il battaglione cannoni d'assalto che distrusse 39 carri armati e 4 cannoni d'assalto sovietici, perdendo gli Stu 40G 531-2 e 531-3 colpiti più volte e immobilizzati. A causa delle pesanti perdite subite, la Brigata venne ritirata dal fronte il 29 giugno per un periodo di riposo e riorganizzazione.

Mentre infuriava ancora la battaglia di Tali-Ihantala, il 4 luglio i sovietici scatenarono un'altra offensiva nel settore di Vuosalmi, dove la *Panssaridivisioona*, immediatamente richiamata in servizio, venne inviata per cercare di chiudere le falle che si erano aperte nella linea difensiva. I combattimenti durarono fino al 17 luglio, quando il fronte si stabilizzò. Dal 11 al 13 luglio, a fronte della perdita dello Stu 40G 531-5 colpito da un T-34, il battaglione cannoni d'assalto distrusse 14 carri armati e 6 cannoni d'assalto sovietici.

I duri combattimenti succedutisi nei mesi di giugno e luglio 1944, avevano causato pesanti perdite di uomini e mezzi alla *Panssaridivisioona.* La Brigata carri perse 25 T-26 tra B/C/E, 8 Stu 40G e un terzo dei trattori T-20 del battaglione anticarro, mentre la *Erillinen Panssarikomppania* perse 8 dei suoi BT-42. In sostituzione dei mezzi perduti vennero inseriti in organico alcuni carri catturati ai sovietici negli ultimi scontri: 7 T-34/85 e 1 ISU-152[19].

I combattimenti avevano dimostrato che solo i pochi carri medi e cannoni d'assalto moderni: T-34 e Stu 40G, erano oramai in grado di poter confrontarsi alla pari con i mezzi sovietici, la grande differenza era però nei numeri. A fronte delle centinaia di carri armati e cannoni d'assalto, peraltro

19 Durante i combattimenti di Tali-Ihantala, presso Portinhoikka il 25 giugno vennero catturati dai finlandesi due cannoni d'assalto ISU-152, uno intatto e uno danneggiato. Il veicolo intatto fu immediatamente utilizzato, dopo aver ricevuto le insegne finlandese, e venne perso in combattimento il 29 giugno. Il veicolo danneggiato venne invece trasportato a Varkaus e modificato in veicolo corazzato di recupero, rimuovendo l'armamento e dotandolo delle attrezzature di traino. Completato nel novembre 1944, venne denominato ISU 152V e immatricolato Ps.745-1, rimanendo in servizio fino al 1964. Trasferito nel museo di Parola venne riportato alle condizioni originali reinstallando l'obice da 152 mm.

sempre più potenti, immessi sul campo di battaglia dai sovietici, i finlandesi potevano opporre solo una quarantina di mezzi in grado di poter tenere testa all'avversario.

Preso atto della obsolescenza dei carri a disposizione, il quartier generale delle forze armate finlandesi, il 7 luglio 1944, decise di ritirare dal servizio attivo i T-26 A/B/C/E e i T-28, approvando un piano di riorganizzazione dei due battaglioni carri con l'immissione di nuovi mezzi. Il colonnello Björkman, comandante della Brigata, sempre il 7 luglio emise l'ordine di scioglimento della *Erillinen Panssarikomppania,* tutti i BT-42 superstiti dovevano essere concentrati a Enso e poi trasferiti presso il deposito tecnico militare. Il 16 luglio, completate le pratiche presso il deposito, si chiudeva definitivamente la storia della compagnia[20].

La riorganizzazione della Brigata corazzata prevedeva di ristrutturare i due *Panssaripataljoona* inserendo i nuovi mezzi in consegna:

- 1° Battaglione: 1ª compagnia dotata di carri T-34 e KV-1, 2ª e 3ª con i PzKw IVJ, per un totale di 30 carri tedeschi. Se non fossero stati disponibili tutti i 30 PzKw IVJ previsti, gli organici sarebbero stati integrati con Stu 40G.
- 2° Battaglione: 3 compagnie dotate di 40 PzKw IVJ. Nel caso i PzKw IVJ non fossero stati consegnati, venne prevista l'eventualità di riarmare il battaglione con carri T-34 ceduti dai tedeschi.

Il primo battaglione individuato per effettuare la riorganizzazione fu il 2°, che venne quindi trasferito nella città di Lappeenranta, per iniziare l'addestramento sui nuovi carri.

Nel 1° Battaglione nella 3ª compagnia vennero accentrati tutte e 7 i T.34/76 disponibili, mentre nella 2ª vennero inseriti i 7 carri armati T.34/85 recuperati dal 25 giugno al 4 luglio a Portinhoikka e Vakkila[21], nella 1ª rimasero in servizio i T-26.

La Germania acconsentì a fornire, nel periodo luglio-ottobre, 10 PzKw IVJ e 15 Stu 40G al mese, per un totale di non più di 40 PzKw IVJ. Tra il 26 agosto e il 1° settembre 1944, i tedeschi consegnarono 15 PzKw IVJ.

Questa fu però l'unica consegna effettuata alla Finlandia, in quanto, avuto sentore delle trattative per la stipula di un armistizio con l'Unione Sovietica, i tedeschi bloccarono l'ulteriore invio di PzKw IVJ e Stu 40G che il 2 settembre erano già stati caricati sulle navi insieme a 9 carri T-34/76.

I 15 PzKw IVJ vennero consegnati al 2° battaglione carri insieme ad alcuni Stu 40G, consentendo così la formazione di due compagnie miste carri/cannoni d'assalto e la prosecuzione del l'addestramento.

La mattina del 4 settembre 1944 entrò in vigore il cessate il fuoco da parte finlandese, a seguito degli accordi per la stipula dell'armistizio che venne siglato ufficialmente il 19 dello stesso anno a Mosca. Si concludeva con una pesante sconfitta questa seconda fase del conflitto contro l'Unione Sovietica, ma per la Finlandia la guerra non era ancora terminata, questa volta i combattimenti sarebbero avvenuti contro l'ex alleato tedesco.

Nelle battaglie combattute durate l'offensiva finale sovietica dal giugno all'agosto 1944, i reparti dell'esercito finlandese persero un totale di 42 tra carri armati e cannoni d'assalto e 62 trattori leggeri, a fronte di un numero di circa 700 mezzi avversari dichiarati distrutti. Nella realtà le perdite totali subite dalle formazioni sovietiche ammontarono a 294 mezzi corazzati.

---

20 I dieci cannoni d'assalto BT-42 rimasti vennero immagazzinati presso il deposito tecnico militare (Sotatekninen Varikko), ma furono rottamati solo nel 1951, meno un esemplare oggi esposto al Parola Tank Museum.

21 Cinque T-34/85 vennero catturati intatti e subito riutilizzati dai finlandesi che li immatricolarono Ps. 245-1, 245-2, 245-3, 245-4, 245-5; gli altri due carri, danneggiati, vennero trasferiti all'officina di Varkaus che li riconsegnò al reparto riparati, immatricolati Ps. 245-6 e 245-7, il 1° settembre.

▲ L'unica autoblinda D-8 (Dyrenkov-8), immatricolata R-6, catturata dai finlandesi e mai utilizzata in combattimento. Alle sue spalle una B-10 (Archivio SA-kuva)

▲ Un'autoblinda BA-20 catturata ai sovietici e riutilizzata dai finlandesi (Archivio SA-kuva)

▼ Un'autoblinda BA-10 utilizzata dai finlandesi nel settore Prääsä-Matrosa, settembre 1941 (www.live.warthunder.com)

▲ Ufficiale finlandese seduto sulla torretta di un'autoblindo sovietico BA-10 catturata il 17 agosto 1941 (Archivio SA-kuva)

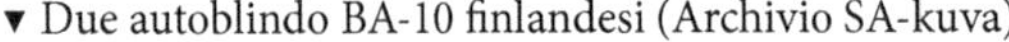

▼ Due autoblindo BA-10 finlandesi (Archivio SA-kuva)

▲ Autoblindo BA-20 dotata di radio, catturata ai sovietici, precede un carro armato T-26C durante una sfilata (https://smolbattle.ru)

▼ Un carro armato BT-5 riutilizzato dai finlandesi nei pressi di Vitele nell'agosto 1941 (Archivio SA-kuva)

▲ Carro armato BT-5, immatricolato R-99, con fanti a bordo in marcia verso Vitele nell'agosto 1941. Gli ufficiali a fianco del carro sono il Maggiore Generale Paavo Talvela e il colonnello Ruben Lagus (Archivio SA-kuva)

▼ Trattore leggero sovietico T-20 "Komsomolets" utilizzato dai finlandesi con un cannone anticarro al traino (Archivio SA-kuva)

▲ Trattore leggero sovietico T-20 "Komsomolets" utilizzato dai finlandesi con un cannone francese da 75 mm modello 1897 al traino (www.foto-history.livejournal.com)

▼ Manutenzione ad un trattore leggero sovietico T-20 "Komsomolets" riutilizzato dai reparti finlandesi (Archivio SA-kuva)

▲ L'autoblindo Landsverk 182 nella città di Petrozavodsk, notare il fucile anticarro L-39 da 20 mm e la svastica blu, ottobre 1941 (Archivio SA-kuva)

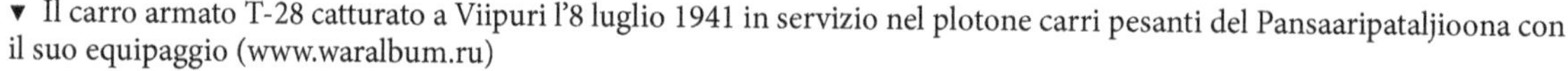

▼ Il carro armato T-28 catturato a Viipuri l'8 luglio 1941 in servizio nel plotone carri pesanti del Pansaaripataljioona con il suo equipaggio (www.waralbum.ru)

▲ Carro armato T-28 finlandese a Petrozavodsk occupata il 2 ottobre 1941 (Archivio SA-kuva)

▼ Carro armato finlandese T-28, R-48, attraversa un ponte provvisorio di legno a Vitele il 27 agosto 1941 (Archivio SA-kuva)

▲ Due membri dell'equipaggio finlandese posano davanti al loro T-28 nella primavera del 1942 (www.foto-history.livejournal.com)

▼ Uno dei due carri armati T-28 catturati dai finlandesi nel dicembre 1939, immatricolato R-48, venne riutilizzato nel plotone carri pesanti del Pansaaripataljioona (www.waralbum.ru)

▲ Un carro armato T-28 finlandese danneggiato al cingolo sinistro durante l'addestramento (Archivio SA-kuva)

▼ Due carri armati T-28 in servizio nel plotone carri pesanti del Pansaaripataljioona (Archivio SA-kuva)

▲ Un carro armato anfibio T-38 finlandese attraversa un corso d'acqua il 1° luglio 1942 (Archivio SA-kuva)

▼ Un carro armato anfibio T-38 catturato ed esposto, insieme ad altri mezzi catturati, nella mostra del bottino di guerra finlandese (Sotasaalisnättely) a Helsinki nel settembre 1941 (Archivio SA-kuva)

▲ Un carro armato T-26 mod. 1931 catturato ed esposto nella mostra del bottino di guerra finlandese (Sotasaalisnättely) a Helsinki nel settembre 1941 (Archivio SA-kuva)

▼ Il carro armato T-26A, immatricolato R-83, appartenente alla 3a compagnia a Pajatusova, nella regione del fiume Svir, utilizzato per il traino dei camion di rifornimento nel settembre 1941 (Archivio SA-kuva)

▲ Colonna di T-26C in marcia verso Nuosjarvi, nell'istmo della Carelia, l'11 settembre 1941 (Archivio SA-kuva)

▼ Un carro armato lanciafiamme OT-130, riutilizzato dai finlandesi e immatricolato con il numero R-94, durante i combattimenti per la conquista di Petrozavodsk il 1° ottobre 1941 (Archivio SA-kuva)

▲ Carri T-26E della 3a compagnia pronti per un attacco da Tuulosjoki a Syvär nel Settembre 1941 (www.sotahistoriallisetkohteet.fi)

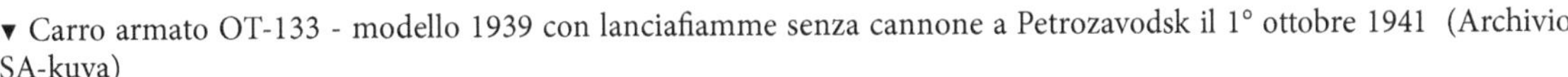

▼ Carro armato OT-133 - modello 1939 con lanciafiamme senza cannone a Petrozavodsk il 1° ottobre 1941 (Archivio SA-kuva)

▲ Un carro armato T-26C, accompagnato dalla fanteria, entra nel villaggio di Tuulos il 5 settembre 1941 (www.foto-history.livejournal.com)

▼ Un carro armato T26B e una motocicletta DKW 500 in sosta verso Tuulos-Aunus, il 5 settembre 1941 (Archivio SA-kuva)

▲ Da destra a sinistra: T-26B, T-26C, T-26A e due T26E avanzano insieme alla fanteria (https://panzerphotos.com/vickers-6-ton)

▼ Carro armato T26B e autoblindo BA-10 attraversano un ponte della città di Petrozavodsk dopo la sua conquista nel'ottobre 1941 (Archivio SA-kuva)

▲ Carro armato T-26C finlandese Ps164-7 catturato dai sovietici nel giugno 1944 (www.foto-history.livejournal.com)

▲ Carro armato T-26E appartenente alla 3a compagnia a Tuulos nel settembre del 1941 (www.live.warthunder.com)

▼ Carro armato T-26E impiegato nella battaglia di Viipuri nel giugno 1944 (www.live.warthunder.com)

▲ Carri armati T-26E avanzano nella Carelia nel dicembre 1941 (Archivio SA-kuva)

▼ Carro armato T-26E in marcia lungo le strade di Petrozavodsk il 1 ottobre 1941 (https://smolbattle.ru)

▲ Uno dei due trattori corazzati T-26T utilizzati dai finlandesi per l'addestramento dei carristi durante la Guerra di continuazione (www.jaegerplatoon.net)

▼ Trattore T26T utilizzato dall'esercito finlandese nel 1945 (www.jaegerplatoon.net)

▲ Carro armato T26 trasformato dai finlandesi in prototipo semovente con mortaio da 120 mm (http://ftr.wot-news.com)

▼ Cannone d'assalto BT-42 distrutto presso la stazione ferroviaria di Viipuri il 20 giugno 1944 (www.waralbum.ru)

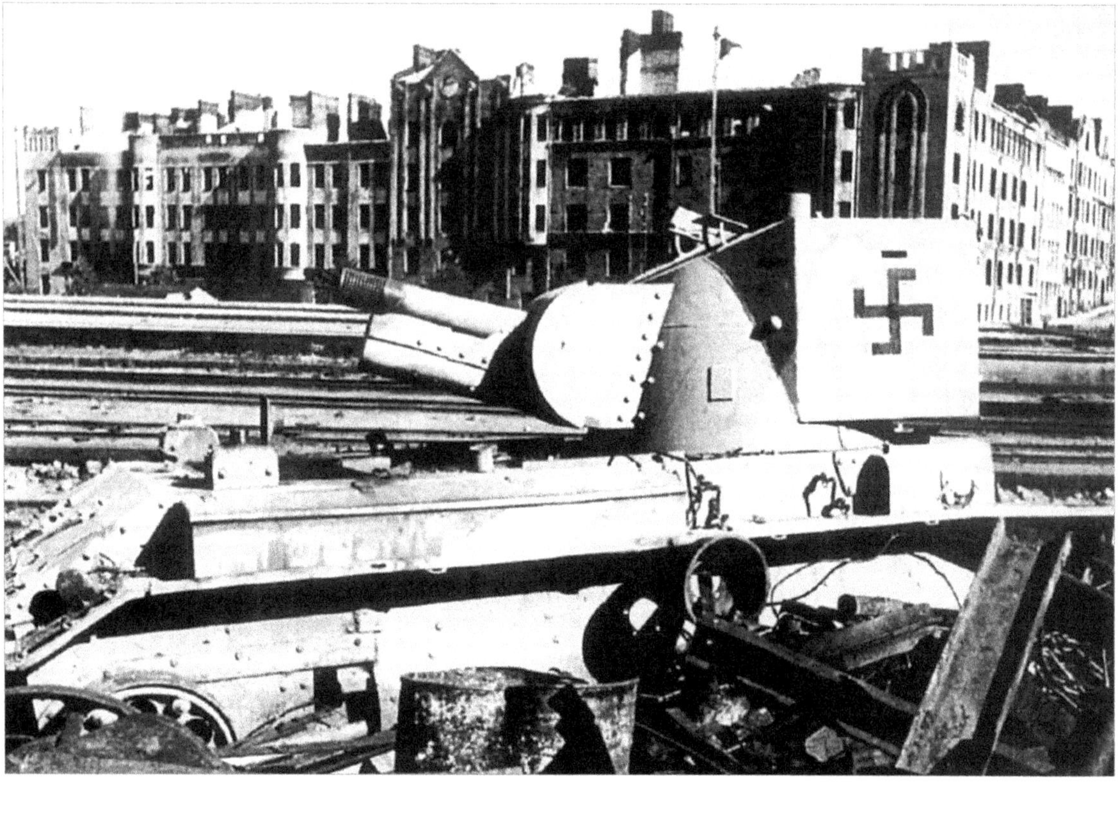

▲ Un cannone d'assalto BT-42, immatricolato con il numero R-705, a Petrozavodsk nel 1943 (www.waralbum.ru)

▼ Un cannone d'assalto BT-42 a Petrozavodsk (www.waralbum.ru)

▲ Il cannone d'assalto BT-42, R-717 del ten. Stig Sippel, distrutto a Viipuri il 20 giugno 1944 (www.sotahistoriallisetkohteet.fi)

▼ Colonna di carri armati partecipanti ad una sfilata ad Enso prima dell'offensiva sovietica in Carelia nel giugno 1944, da sinistra a destra T-26C R-124, T-50 R-110, Landsverk Anti II R-902, BT-42, T-34 Ps.231-2 e T-28 (probabilmente R-102 o R-103) (Archivio SA-kuva)

▲ Il cannone d'assalto BT-42 R-706 in una pausa dei combattimenti (www.vieremanveteraanit.fi)

▼ Un Landsverk L-62 Anti II appartenente alla batteria semovente antiaerea in servizio nella Panssaridivisioona schierato nella regione di Liikola, Istmo di Carelia 15 giugno 1944 (Archivio SA-kuva)

▲ Un Landsverk L-62 Anti II appartenente alla batteria semovente antiaerea in servizio nella Panssaridivisioona ad Enso, il 4 giugno 1944 (www.live.warthunder.com)

▼ Un Landsverk L-62 Anti II durante le prove di accettazione condotte dall'esercito finlandese (Archivio SA-kuva)

▲ Un Landsverk L-62 Anti II durante una presentazione dei mezzi corazzati alle autorità militari (Archivio SA-kuva)

▲ Il colonnello Sven Krister Björkman, comandante del Battaglione corazzato nel 1939 e successivamente della Brigata corazzata dal maggio 1942 al dicembre 1944 (www.wikidata.org)

▲ Il maggior generale Ernst Ruben Lagus, comandante della Divisione corazzata dal giugno 1942 (www.wikidata.org)

▲ "Laguksen Nuolet" - "Frecce di Lagus", l'emblema della Divisione corazzata che rappresenta un triangolo verde contenente tre frecce gialle e nere puntate verso destra, ideato dal maggior generale Lagus (www.vieremanveteraanit.fi)

▼ Stu 40 G si preparano a sfilare ad Enso il 4 giugno 1944 dinanzi al Maresciallo Mannerheim e al Presidente Ryti. Notare le modifiche introdotte sul mezzo dai finlandesi: route di scorta posizionate sui lati della casamatta, mitragliatrice DT sovietica da 7,62 mm, postazione scudata per la mitragliatrice (Archivio SA-kuva)

▲ Uno Stu 40G in marcia verso Tali-Ihantala nel giugno 1944 (Archivio SA-kuva)

▼ Uno Stu 40G vicino a Vuosalmi nel luglio 1944. Anche su questo mezzo sono presenti i tronchi sui fianchi e la colata di cemento sul frontale della casamatta per aumentare la protezione. (www.live.warthunder.com)

▲ Un cannone d'assalto Stu 40 G, targato Ps 531-34, fotografato nell'agosto del 1944, si possono osservare le modifiche apportate dai finlandesi per migliorare la protezione della casamatta: 3 tronchi sistemati sui lati e colata di cemento sulla piastra frontale. Su questo Stu 40G è presente anche lo zimmerit (Archivio SA-kuva)

▼ Lo Stu 40G, targato Ps 531-5, attende l'ordine per avanzare verso Tienhaara il 23 giugno1944 (Archivio SA-kuva)

▲ L'equipaggio dello Stu 40G, targato Ps 531-8, intento al rifornimento delle munizioni nel settore di Viipuri nel luglio 1944 (Archivio SA-kuva)

▼ Lo Stu 40 G Ps 531-42 ben mimetizzato durante la battaglia di Vuosalmi. Si notano il rinforzo in cemento e i tronchi sui fianchi della casamatta, la mitragliatrice DT senza scudatura di protezione, il mantello del cannone "saukopfblende" (Archivio SA-kuva)

▲ Carro armato T-50 catturato ai sovietici e riutilizzato dall'esercito finlandese (Archivio SA-kuva)

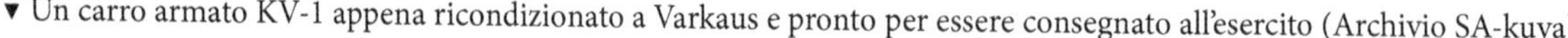

▼ Un carro armato KV-1 appena ricondizionato a Varkaus e pronto per essere consegnato all'esercito (Archivio SA-kuva)

▲ Uno dei due carri armati KV-1 catturati ai sovietici e riutilizzati dai finlandesi nell'istmo di Carelia nel luglio 1944 (www.live.warthunder.com)

▼ Un carro armato KV-1, seguito da due carri T-34, durante la sfilata a Petrozavodsk nell'ottobre 1941 (https://smolbattle.ru)

▲ Uno dei due carri armati KV-1 catturati dai finlandesi utilizzato in prove per il superamento di sbarramenti il 3 settembre 1943 (Archivio SA-kuva)

▲ Carro armato T-34/76 in servizio nel plotone carri pesanti del Pansaaripataljioona (Archivio SA-kuva)

▲ Uno dei primi carri armati T-34/76 sovietici catturati dai finlandesi durante i combattimenti in Carelia vicino a Medvezhyegorsk, venne immatricolato con il numero R105 (www.foto-history.livejournal.com)

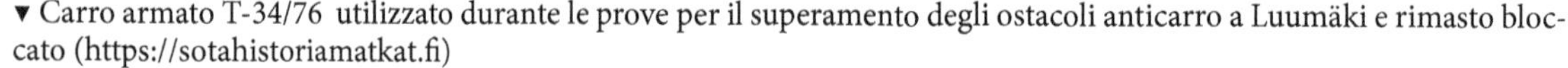

▼ Carro armato T-34/76 utilizzato durante le prove per il superamento degli ostacoli anticarro a Luumäki e rimasto bloccato (https://sotahistoriamatkat.fi)

▲ Uno dei carri armati T-34/85 catturato nell'istmo della Carelia nel luglio 1944 e riutilizzato dai finlandesi (www.live.warthunder.com)

▼ Un gruppo di soldati finnici in posa su di un carro armato T-34 catturato a Raisala nell'istmo della Carelia nell'agosto 44 (Archivio SA-kuva)

▲ Carro armato T-34/85 in servizio nei reparti finlandesi a Salo Iisakkala nell'agosto del 1944 (Archivio SA-kuva)

▼ Uno dei due cannoni d'assalto ISU-152 catturati dai finlandesi e riutilizzati (Archivio SA-kuva)

▲ Il BT-42 R-717 del tenente Sippel durante il rifornimento dei proiettili per l'obice da 114 mm nell'istmo della Carelia nel giugno 1944 (tratto da "Vänrikki Stig Holmströmin tie Äänislinnasta Karjalan Kannakselle ja Lapin sotaan 1943-1944", S. Holmström 2016).

▼ Trattore leggero T.20 con pak al traino nei boschi della Carelia *(Archivio SA-kuva).*

▲ Un BT-42 utilizzato per il recupero di un T-34 uscito fuori strada nei dintorni di Viipuri (tratto da "Vänrikki Stig Holmströmin tie Äänislinnasta Karjalan Kannakselle ja Lapin sotaan 1943-1944", S. Holmström 2016).

"LAPIN SOTA" - LA GUERRA DI LAPPONIA

Tra le clausole dell'armistizio, sottoscritto a Mosca il 19 settembre, i sovietici imposero ai finlandesi il ritiro dei tedeschi dal proprio territorio entro il 15 settembre, dopo tale data le truppe tedesche, ancora presenti sul suolo finlandese, dovevano essere disarmate, catturate e consegnate a loro, se necessario con la forza. Iniziava così la Guerra di Lapponia.

In accordo con i tedeschi, durante le prime settimane la ritirata della Wehrmacht si svolse senza particolari problemi, le truppe finlandesi attaccavano posizioni già abbandonate senza dover combattere.

La *Panssaridivisioona* venne inviata verso nord per congiungersi con le truppe già impegnate contro i tedeschi. Giunta a Oulu tra il 22 e il 25 settembre, ricevette l'ordine di disarmare le truppe tedesche, appartenenti alla 7.Gebirgs-Division, presenti nella città di Pudasjärvi. Furono impiegati alcuni carri T-26 del battaglione carri d'assalto e il 5° battaglione Jäger che, giunti nei pressi della città, vennero bloccati dalla retroguardia tedesca. Venne chiesta loro la resa da parte del comandante finlandese, che fu rifiutata. Iniziò quindi un breve scontro a fuoco con alcune perdite da parte tedesca. I finlandesi si attestarono intorno a Pudasjärvi ed entrarono nella città due giorni dopo a seguito della ritirata dei reparti tedeschi.

Il 1° ottobre la 1ª compagnia del 1° *Panssaripataljoona* sbarcò a Tornio con i suoi T-26, gli unici carri che, date le dimensioni, potevano essere trasportati dalle navi disponibili e scaricati dalle modeste dotazioni portuali presenti. Fino all'8 ottobre la compagnia partecipò ai combattimenti per la liberazione della città e dei dintorni. Durante gli scontri si ebbe l'ultimo combattimento fra carri armati da parte dei reparti finlandesi, un T-26E distrusse un carro francese Somua 35 in servizio nel Panzer-Abteilung 211, mentre il T-26B Ps. 163-42 venne colpito da un pak 40 tedesco che danneggiò il treno di rotolamento.

Dopo la conclusione della battaglia per la liberazione di Tornio la 1ª compagnia venne inviata verso Rovaniemi, ma il 21 ottobre ricevette l'ordine di tornare alla base di partenza. La guerra di Lapponia per la 1ª compagnia era terminata.

Anche la 2ª e la 3ª compagnia del 1° *Panssaripataljoona,* dotati di T-34/85 e T-34/76, presero parte alla *Lapin Sota*. Impossibilitate ad essere trasportate via mare, le compagnie effettuarono il trasferimento verso la linea del fronte via terra, risalendo verso nord percorrendo strade in pessime condizioni a causa delle numerose demolizioni effettuate dai tedeschi in ritirata. Nel percorso da Oulu a Sodankylä, attraversando Pudasjärvi - Ranua – Rovaniemi, il numero dei T-34 operativi si ridusse progressivamente a causa dei guasti che interessarono numerosi carri. Dopo Pudasjärvi, a causa del terreno boscoso e accidentato non adatto all'utilizzo dei mezzi corazzati, i carri vennero utilizzati solamente per il trasporto di rifornimenti e lo sgombero dei feriti dal fronte.

Tra il 12 e il 16 ottobre i reparti corazzati della *Panssaridivisioona* parteciparono alla riconquista della città di Rovaniemi, con scontri molto violenti che distrussero circa il 90% degli edifici. Fu l'ultima battaglia combattuta dai reparti della Divisione.

Gli ultimi tre carri armati T-34/76 in servizio nella 3ª compagnia avanzarono sino a 159 km a nord di Rovaniemi, quando rimasero bloccati da problemi meccanici. I T-34/85 della 3ª compagnia, dopo aver superato Sodankylä, vennero fermati e ricevettero l'ordine di rientrare alla base.

Durante il ciclo operativo svolto durante la Guerra di Lapponia, le due compagnie di T-34 non furono mai coinvolte in scontri con le forze corazzate tedesche, solo il T-34/76 231-6 rimase gravemente danneggiato da una mina anticarro tedesca, ma venne poi riparato continuando il suo servizio nell'esercito finlandese.

Anche le due compagnie miste Pz.Kw IVJ/Stu 40G del 2° *Panssaripataljoona* parteciparono alla Guerra di Lapponia, ma non ebbero mai occasione di scontrarsi con le truppe tedesche, rientrando alla loro base di partenza a fine ottobre. Il 20 settembre al PzKw IVJ 231-4 prese fuoco il motore, nonostante il pronto intervento dei carristi, i danni furono rilevanti e il carro armato venne dichiarato non riparabile e rimosso dall'inventario.

Nelle clausole armistiziali era presente anche quella che prevedeva la smobilitazione di gran parte delle forze armate finlandesi, tra le quali la *Panssaridivisioona*.

La *Panssaridivisioona* venne ritirata dal fronte alla fine di ottobre e posta in riserva. Il 21 novembre 1944 la componente corazzata della divisione venne ridotta ad un unico battaglione e i carri in servizio vennero immagazzinati nel deposito di Parola.

Il 30 dicembre 1944 la *Panssaridivisioona* venne sciolta.

Si concludeva così, con lo scioglimento, la breve attività operativa, durata neanche trenta mesi, dell'unica Divisione corazzata in servizio nel Suomen Maavoimat, attività che era costata il sacrificio di un totale di 4.308 militari. Nonostante il breve periodo di attività, i carristi finlandesi dimostrarono sul campo la loro professionalità, utilizzando al meglio mezzi obsoleti e non all'altezza di quelli impiegati dal nemico, ricevendo elogi per la loro combattività da parte dell'alleato e del nemico.

Da rimarcare il fatto che, dall'inizio della Guerra di Continuazione alla fine della Guerra di Lapponia, nonostante i numerosi combattimenti sostenuti, nessun T-28 e nessun T-34 venne perso, alcuni vennero danneggiati, anche con perdite umane, ma vennero sempre riparati e ritornarono a combattere contro i loro precedenti proprietari.

Alla data del 1 gennaio 1945, l'esercito finlandese aveva in carico i seguenti mezzi tra blindati e corazzati: 15 BA-20, 3 FAI, 12 BA-10, 10 BA-6, 1 BA-3, 19 (secondo altre fonti 23) T-26E, 82 T-26 (di tutte le varianti compresi i trattori), 1 T-50, 2 KV-1, 7 T-28[22], 9 T-34/76 [23], 9 T-34/85[24], 6 Landsverk Anti II, 3 T-38, 9 T-38/34, 3 T-38/KV, 1 trattore su telaio ISU-152, 14 PzKw IVJ, 47 StuG-40[25], 10 BT-42, 1 BT-43, 134 T-20 "Komsomolets".

---

22 Non avendo in servizio mezzi di soccorso idonei al recupero di carri medi e/o pesanti, nel settembre 1944 venne deciso di trasformare il T-28E R-104 in veicolo di soccorso corazzato. Dopo la modifica venne immatricolato come T-28V Ps.735-1. Tutti i T-28, compreso il T-28V, vennero alienati solo il 30 novembre 1951, almeno 3 risultano ancora esistenti presso alcuni musei.

23 Oltre ai 7 T-34/76 in servizio, di cui 4 catturati ai sovietici e 3 acquistati dai tedeschi, altri due T-34 vennero catturati dai finlandesi nell'estate del 1944. Probabilmente non furono mai riparati ma usati come fonti di pezzi di ricambio, tuttavia risultavano in dotazione e regolarmente inventariati. Gli ultimi T-34/76 risultano alienati a fine 1961. Ad oggi ne sopravvivono 5 esemplari nei musei o caserme.

24 Furono 7 i T-34/85 in servizio nei reparti finlandesi, ma altri due carri vennero catturati ai sovietici: uno a Portinhoikka tra il 25 e il 26 giugno 1944 e l'altro a Vuosalmi il 31 agosto. Risultano regolarmente inventariati ma non assegnati ai reparti. Il T-34/85 catturato a Vuosalmi venne immatricolato Ps.245-9. Gli ultimi T-34/85 risultano alienati nel settembre 1962. Ad oggi ne sopravvivono 5 esemplari nei musei o caserme.

25 Gli Stug 40G perduti nei combattimenti furono 8, ma, a causa delle mancanza di pezzi di ricambio non acquistati insieme ai mezzi, fu gioco forza cannibalizzare alcuni cannoni d'assalto per recuperare i materiali necessari ad effettuare le riparazioni sugli altri mezzi. Vennero così cannibalizzati gli Stu 40G: Ps.531-13 nell'anno 1943 e i Ps.531-7, Ps.531-28 e Ps.531-53 successivamente, che vennero tolti dall'inventario mezzi in dotazione nell'ottobre 1944. Dai 59 cannoni d'assalto consegnati si arrivò così ai 47 in dotazione a fine 1944. Rimasero in servizio fino al 1959.

▲ Carro armato PzKw IVJ, targato Ps. 221-1, del 2° battaglione corazzato presso il ponte di Oulu l'11 dicembre 1944 (Archivio SA-kuva)

▼ Carro armato PzKw IVJ, targato Ps. 221-6, del 2° battaglione corazzato presso il ponte di Oulu l'11 dicembre 1944 (Archivio SA-kuva)

▲ Carro armato KV-1 Ps 272-1 utilizzato durante la guerra di Lapponia a fine 1944 (www.waralbum.ru)

▼ Carro armato T-26B a Tornio nell'ottobre 1944 (www.sotahistoriallisetkohteet.fi)

▲ Carro armato T26-C in marcia verso Rovaniemi il 16 ottobre 1944 (http://tankfront.ru/finland)

▼ Cannone d'assalto Stu 40 G, targato Ps 531-40, impiegato durante la guerra di Lapponia (www.picuki.com)

▲ Cannone d'assalto Stu 40 G, targato Ps 531-45, impiegato durante la guerra di Lapponia (www.picuki.com)

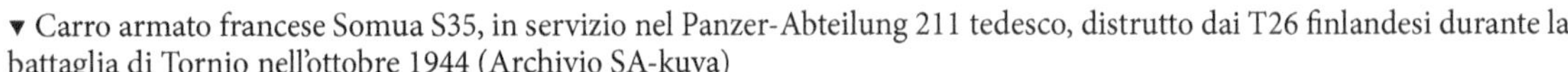

▼ Carro armato francese Somua S35, in servizio nel Panzer-Abteilung 211 tedesco, distrutto dai T26 finlandesi durante la battaglia di Tornio nell'ottobre 1944 (Archivio SA-kuva)

MIMETIZZAZIONE, INSEGNE, NUMERO IMMATRICOLAZIONE

All'inizio della Guerra d'Inverno i carri armati finlandesi erano verniciati con il colore verde scuro, nel 1943, durante la Guerra di Continuazione, venne introdotto uno schema mimetico a tre toni: verde muschio - marrone sabbia - grigio chiaro. I semoventi antiaerei Landswerk Anti II rimasero colorati con la mimetica di fabbrica originale svedese: grigioverde - marrone - giallo marrone. In inverno i mezzi vennero mimetizzati con vernice bianca, in alcuni casi totalmente in altri solo con strisce di colore.
Durante la Guerra d'Inverno intorno alle torrette dei carri Vickers 6-Ton venne dipinta una fascia a strisce bianche e blu come segno identificativo per distinguere il mezzo dai similari carri sovietici. Dal giugno 1941 tutti i mezzi iniziarono ad essere contrassegnati con il nuovo simbolo nazionale: l'Hakaristi. A seguito dell'armistizio con l'Unione Sovietica del 1944, nel corso del 1945 al posto dell'Hakaristi venne adottata una coccarda rotonda bianca e blu dal diametro di 240 o 300 mm. Gli Hakaristi, alti 32 centimetri e di colore bianco e nero, dovevano essere 3 per mezzo e posizionati ai due lati e sul retro della torretta. Nel 1943 vennero aggiunti altri due Hakaristi, sul frontale del mezzo e sulla parte superiore, o sul portello, della torretta. Alcuni reparti autonomi dotati di mezzi blindo corazzati ebbero l'Hakaristi di colore blu o anche bianco.

Durante la Guerra d'Inverno sui carri armati del *Panssaripataljoona* non vennero usati simboli tattici, mentre con l'inizio della Guerra di Continuazione, vennero dipinti dei simboli di colore bianco o giallo sul frontale della parte anteriore per individuare le tre compagnie:

- 1ª compagnia: Testa d'orso
- 2ª compagnia: Drago volante
- 3ª compagnia: Testa di morto

Con la costituzione della *Panssariprikaati* nel 1942, vennero adottati dei nuovi simboli tattici per identificare i mezzi in servizio nei due battaglioni.

Le tre compagnie del 1° *Panssaripataljoona* adottarono delle figure geometriche di colore bianco, all'interno delle quali veniva inserito un numero romano che indicava la posizione del carro all'interno del suo plotone. I carri con numeri da 1 a 5 appartenevano al 1° Plotone, quelli dal 6 al 10 al 2° e quelli dal 11 al 15 il 3°. I carri con il numero 0 erano quelli del comandante di compagnia.

- 1ª compagnia: Quadrato
- 2ª compagnia: Cerchio
- 3ª compagnia: Triangolo

Le tre compagnie del 2° *Panssaripataljoona* adottarono invece un sistema di numeri frazionali, di colore bianco per tutte le compagnie. I carri dei comandanti di compagnia erano numerati 1/4, 1/5, 1/6, mentre all'interno dei plotoni la numerazione era la seguente:

- 1° plotone: 1/I a 5/I
- 2° plotone: 1/II a 5/II
- 3° plotone: 1/III a 5/III

Dalla metà del 1943 venne adottato il sistema tedesco a tre numeri, che utilizzava i colori per diversificare le compagnie e i numeri per individuare la compagnia, il plotone e il carro. Tale sistema non fu però molto diffuso tra i reparti, anche se risulta impiegato.

Tutti i carri armati e le autoblindo finlandesi, fino al 1943, vennero immatricolati adottando un *Rekisterinumero* (numero di registrazione) dipinto in bianco sul frontale del mezzo. I mezzi venivano quindi immatricolati come R seguito da un numero progressivo, ad esempio R-77 era un T-26, R-712 un BT-42, indipendentemente dalla tipologia del mezzo e dalla data di entrata in servizio. Nel 1943 venne invece adottato un nuovo sistema di immatricolazione, che consisteva nel designatore *Panssarivaunu* (carro armato) Ps. seguito da un numero da uno a tre cifre indicante il tipo di modello del veicolo e un ulteriore numero, sempre da una a tre cifre, che indicava il numero del veicolo individuale. Tale numerazione era in lettere bianche e, di norma, veniva applicata sulla parte anteriore e posteriore dei mezzi. Un T-26 era quindi immatricolato, ad esempio, come: Ps. 162-9; un PzKw IVJ: Ps. 261-11.

I seguenti numeri a tre cifre sono stati utilizzati per indicare i modelli dei seguenti carri e cannoni d'assalto:

- T-26: secondo il modello 161 – 162 – 163 - 164
- T-34/76: 231
- T-34/85: 245
- T-28: 241
- KV-1 modello 1942: 271-1
- KV-1E modello 1940: 272-1
- BT-5: 176
- BT-42: 511
- BT-43: 611-1
- Stu 40G: 531
- PzKw IVJ: 221

Le autoblindo in servizio nei reparti finlandesi vennero invece numerate con i seguenti numeri:

- BA-3: 25
- BA-6: 26
- BA-10: 27
- FAI: 5
- FAI M – BA-20 - BA-20M: 6

La nuova numerazione non venne però applicata totalmente, infatti molti carri armati e cannoni d'assalto BT-42 mantennero la vecchia immatricolazione *Rekisterinumero* durante tutta la Guerra di Continuazione.

▲ Plotone di Pzkw IVJ diretti alla stazione di Oulu il 12 novembre 1944 (*(Archivio SA-kuva)*.

▲ Il T-28 R-102 durante l'offensiva per la conquista di Povenetz *(Archivio SA-kuva)*

▼ Autoblindo BA-10 catturata intatta ai sovietici nel settembre 1941 *(Archivio SA-kuva)*

▲ Il T-34/76 Ps.231-2, seguito dal T-28 R-102 o R.103, durante la sfilata a Enso il 4 giugno 1944 *(Archivio SA-kuva)*

▼ Il T-50 appena riparato presso l'officina di Varkaus nel gennaio 1942 *(Archivio SA-kuva)*

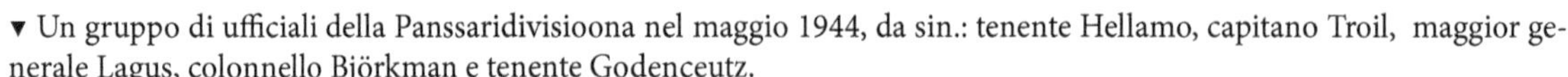

▲ Quattro T.28 e il T.34 durante la sfilata dei reparti nella città di Petrozavodsk nell'ottobre del 1942 (*Archivio SA-kuva)*

▼ Un gruppo di ufficiali della Panssaridivisioona nel maggio 1944, da sin.: tenente Hellamo, capitano Troil, maggior generale Lagus, colonnello Björkman e tenente Godenceutz.

▲ T-26C R-99 intento a recuperare un T-26B bloccato in una canale *(www.missing-lynx.com)*

▼ T 26A R-78 (T-26 modello 1931) ad Aunus/Olonets dopo la conquista della cittadina nel settembre 1941 *(Archivio SA-kuva)*

BIBLIOGRAFIA

Libri

- Saurio J., "Hyökkäysvaunurykmentinperustamisesta 100 vuotta", 2019.
- Holmströmin S., "Erillinen panssarikomppania 1943-1944", 2016.
- Häkkinen S., "Sauli Häkkinen in guerra 18 anni - 23 anni", 2017.
- Longo Adorno M., "La guerra d'inverno: Finlandia e Unione Sovietica, 1939-1940", Franco Angeli, 2010.
- Petacco A. – "Le grandi battaglie del Ventesimo Secolo" - Curcio Editore – 1982.

Riviste

- Rossotto R., "1917-1919: la Finlandia dall'indipendenza alla guerra", in "Storia Militare", numeri 291/292.
- "Storia Illustrata", numeri vari.
- "Eserciti & Armi", numeri vari.

Siti internet

- www.SA-kuva.fi
- www.waralbum.ru
- www.jaegerplatoon.net
- https://it.topwar.ru
- www:yle.fi
- www.hameensanomat.fi
- www.andreaslarka.net
- www.vieremanveteraanit.fi
- www.foto-history.livejournal.com
- www.smolbattle.ru
- www.sotahistoriallisetkohteet.fi
- www.picuki.com
- https://panzerphotos.com/vickers-6-ton
- www.palasuomenhistoriaa.net
- www.suomensotilas.fi
- www.live.warthunder.com

TITOLI GIÀ PUBBLICATI
TITLES ALREADY PUBLISHING

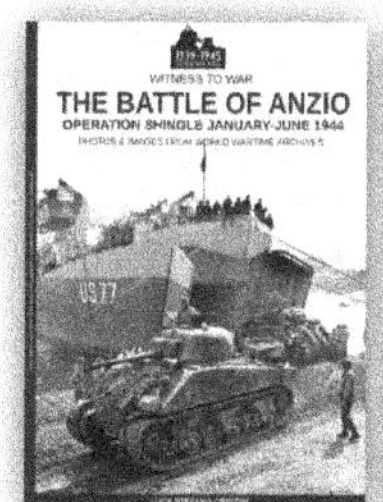

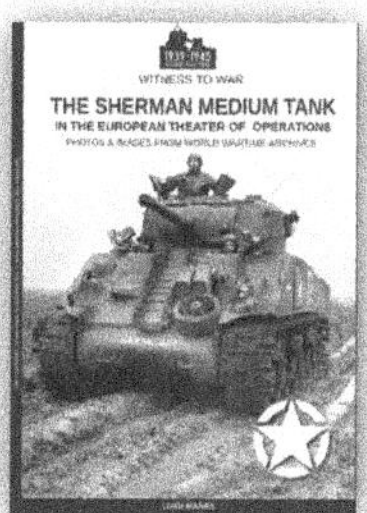

SOLDIERSHOP
PUBLISHING
BOOKS TO COLLECT

www.ingramcontent.com/pod-product-compliance
Ingram Content Group UK Ltd.
Pitfield, Milton Keynes, MK11 3LW, UK
UKHW061827190726
13853UKWH00009B/2481